LAÏCITÉ
1905-2005,
ENTRE PASSION
ET RAISON

Du même auteur

AUX MÊMES ÉDITIONS

Vers un nouveau pacte laïque ?
1990

La Morale laïque contre l'ordre moral
1997

Religion, modernité et culture
au Royaume-Uni et en France, 1800-1914
(avec Séverine Mathieu)
2002

AUTRES OUVRAGES CONCERNANT LA LAÏCITÉ

La Laïcité, quel héritage ?
Labor et Fides, 1990

Pluralisme et minorités religieuses
(sous la direction de J. Baubérot)
Peeters, 1991

Religions et laïcité dans l'Europe des Douze
Syros, 1994

La Laïcité : évolutions et enjeux
(sous la direction de J. Baubérot)
La Documentation française, 1996

Une haine oubliée
L'antiprotestantisme avant le pacte laïque (1870-1905)
(avec Valentine Zuber)
Albin Michel, 2000
(ouvrage couronné par l'Académie française)

Histoire de la laïcité en france
PUF, coll. « Que sais-je ? », 2000, 2003 (2e éd.)

La Laïcité à l'épreuve
(sous la direction de J. Baubérot)
Universalis, 2004

Le voile, que cache-t-il ?
(avec Dounia Bouzar et Jacqueline Costa-Lascoux)
Éditions de l'Atelier, 2004

JEAN BAUBÉROT

LAÏCITÉ 1905-2005, ENTRE PASSION ET RAISON

ÉDITIONS DU SEUIL
27, rue Jacob, Paris VIe

CE LIVRE EST PUBLIÉ
DANS LA COLLECTION « LA COULEUR DES IDÉES »

ISBN 2-02-063741-3

www.seuil.com

à Alécia, Annabelle, Caroline,
affectueusement.

I

Coup d'envoi. La laïcité : qu'est-ce à dire ?

Selon la Constitution, la République française est « laïque ». Rien d'étonnant, donc, à ce que la laïcité soit l'objet d'un débat social quasi permanent. On le croit apaisé et même terminé… et tout à coup il rebondit. Chaque fois notre mémoire amnésique en évoque – à tort – la nouveauté. Un exemple entre mille : à l'automne 2003, une commission, présidée par Bernard Stasi, travaillait sur « l'application du principe de laïcité dans la République ». Elle a auditionné de très nombreuses personnalités. Certaines se sont étonnées : « Notre laïcité était consensuelle il y a vingt ans. Et maintenant, la voilà devenue un objet de discorde ! » Consensuelle, vraiment ? Quel oubli ! En 1984, plus d'un million de personnes défilaient au nom de la « liberté de l'enseignement » menacée, selon elles, par la laïcité. Dix ans plus tard, pratiquement le même nombre de militants laïques descendaient dans la rue pour défendre l'école publique. À leurs yeux, la révision de la loi Falloux y portait atteinte. Entre-temps, la décision du principal d'un collège de Creil (Oise) interdisant le port du voile à trois jeunes filles avait inauguré les nombreuses « affaires du foulard ».

Ne chipotons pas et affirmons-le clairement : depuis la Révolution, la laïcité attise les passions dans ce pays. Le débat social s'inscrit dans la longue durée. Et fort peu de gens y sont vraiment indifférents.

Pour autant, la laïcité se réduit-elle à un débat franco-français ? Certes non, et de moins en moins. Elle s'avère aussi un objet d'analyse, de connaissance, pour philosophes, historiens, sociologues, juristes de différents pays. Donnons-en quelques exemples récents, en vrac. Les Presses universitaires de France ont demandé à un penseur belge un livre sur la philosophie de la laïcité (G. Haarscher, 2004) dans la collection « Que sais-je ? ». Auparavant, des historiens du même pays avaient écrit une *Histoire de la laïcité en Belgique* (H. Hasquin, 1994). Micheline Milot relit l'histoire du Québec à travers une mise en perspective socio-historique de la laïcité (2002). Les liens entre laïcité et démocratie, analysés par un sociologue mexicain (R. Blancarte, 2000) et un juriste turc (I.O. Kaboglu, 2001), ont également donné lieu à un ouvrage collectif – qui qualifie d'ailleurs ces liens de « relations ambiguës » (F. Randaxhe - V. Zuber, 2003). Allemagne, Italie, Russie, Israël, Iran, entre autres, y sont passés au crible. Dans cette conjoncture scientifique, la France devient un exemple (privilégié ?) de laïcité parmi d'autres. Et, comme pour tout objet d'investigation en sciences humaines, il faut alors construire des notions, en utiliser d'autres déjà courantes pour les spécialistes, élaborer une « problématique », parvenir à une approche critique.

Lecteur-citoyen et lecteur spécialiste

S'agit-il de deux registres distincts ? Il faudrait plutôt parler de deux univers. Le premier rencontre très rarement le second, tant on le persuade que la laïcité ne saurait être qu'une « exception française », un sujet d'opinion qu'il n'est guère nécessaire d'adosser à un quelconque savoir. Se trouve alors réservé à l'univers des spécialistes ce qui ne peut se dire entre citoyens.

Certes, il peut sembler logique que le discours formalisé de scientifiques, l'utilisation de théories qui demandent une formation spécifique et un certain niveau de compétence ne soient pas vraiment accessibles au « commun des mortels ». Mais c'est à charge de revanche : dans d'autres domaines, les rôles s'inversent. Pourtant, une société démocratique repose sur le postulat que les citoyens sont « libres et éclairés ». Il s'agit en partie d'une fiction. Il s'agit aussi d'un objectif, jamais atteint, toujours visé. Une certaine circulation du savoir relève de l'impératif catégorique. Quelque chose du second univers doit se diffuser dans le premier. Or, faire de la laïcité une « exception française », un sujet d'opinion alimenté par quelques stéréotypes issus de réminiscences scolaires datées, tourne le dos à toute véritable démarche de savoir. C'est, du point de vue démocratique, choquant. Accessoirement, c'est néfaste pour les chercheurs eux-mêmes, en proie à la tentation de la tour d'ivoire.

Fort heureusement, les choses sont en train de changer. De divers côtés, la communication entre les deux univers est recherchée. Cet ouvrage se situe délibérément dans une telle perspective. Le pari tenté (fou ou sage, chacun en jugera) consiste à offrir le même texte à deux publics hétérogènes : celui des lecteurs-citoyens et celui des lecteurs spécialistes.

Le lecteur-citoyen est convié à prendre une certaine distance avec la passion inhérente au débat social, particulièrement forte dès qu'il est question de laïcité. « J'ai été ému », confiait un homme politique pour justifier un changement de position qui décevait ses amis. L'émotion fait partie de la vie. Comme la peur, elle peut cependant s'avérer « mauvaise conseillère ». Attention alors aux décisions boomerang, aux mesures contre-productives à terme.

Un effort de compréhension de la démarche des sciences humaines est donc réclamé au lecteur-citoyen. En échange, l'auteur s'engage à refuser tout jargon, à se montrer le plus sobre possible dans l'emploi de termes techniques, à s'interdire des allusions seulement compréhensibles entre spécialistes, à fuir l'ennui et les sophistications. Espérons qu'il tiendra à peu près ses promesses !

Quant au lecteur spécialiste, au collègue présent ou futur de l'auteur, ce livre n'est pas d'abord écrit pour eux tout en leur étant aussi destiné. Peut-être y trouveront-ils quelques pistes nouvelles, quelques hypothèses de travail non dépourvues d'originalité… voire quelques thèmes de recherches pour eux-mêmes ou leurs étudiants. Propos ambitieux ? Certes. Mais tant pis, car la sagesse populaire nous l'apprend : « Qui ne risque rien n'a rien. »

L'ouvrage peut intéresser le spécialiste précisément parce

qu'il a été délibérément rédigé pour un public plus large. Cette optique a entraîné deux conséquences. D'abord l'auteur a dû se priver des sous-entendus habituels dans la communication interne aux chercheurs. Or les sous-entendus génèrent parfois des malentendus. L'explication peut, à son insu, remettre en cause quelques schèmes supposés acquis. Ensuite, si en physique ou en biologie le recours au mot est relativement accessoire, les sciences humaines travaillent, théorisent avec des mots, par des mots. Les sciences humaines sont des sciences du discours, même quand elles semblent privilégier le quantitatif (ce qui ne sera pas le cas ici). De là un risque constant de télescopage entre idées communes, opinions militantes, savoir scientifique. On peut croire « faire de la science » et en fait se borner à théoriser sa propre idéologie. Les chercheurs conscients de ce risque s'entraînent à une gymnastique intellectuelle qui vise à le conjurer. Mais cela reste une pratique privée. Le problème se trouve rarement abordé de front par la communauté des chercheurs (une exception : Y. Lambert *et al.*, 1997).

Nous tenterons pour notre part d'expliquer comment nous avons élaboré notre démarche socio-historique, en proposant des sortes de panoramiques qui permettent d'explorer une vaste période, tout en effectuant des zooms sur les exemples significatifs. Parfois nous prendrons explicitement position. En effet, quand on effectue, année après année, des recherches sur la laïcité, on en tire un certain nombre d'enseignements. Ceux-ci proviennent des documents, des matériaux travaillés, des analyses faites où l'on a dû, parfois, affronter des « faits désagréables » (M. Weber, rééd. 1965) qui ne correspondent pas à ses propres convictions. Un exemple entre mille : un aspect contre-productif de l'action des zones d'éducation prioritaires se trouve mentionné au chapitre XII ; cela ne signifie nullement une opposition à la politique des ZEP. Mais les analyses transforment les choix de valeurs sans les abolir. Ceux-ci interviennent donc aussi, notamment une certaine conception de la démocratie et de l'individu. Il peut alors être intéressant d'expliciter le résultat de la confrontation entre analyses et jugements de valeur.

Ferdinand Buisson, premier « théoricien » de la laïcité

Et maintenant, partons ensemble à l'aventure et remontons le temps. Le terme « laïcité », aujourd'hui si courant, était, à la fin du XIXe siècle, une expression nouvelle. Les années 1870 virent ses premiers emplois. Et en 1883 un agrégé de philosophie, Ferdinand Buisson (1841-1932), entreprit d'expliciter ce « néologisme nécessaire ».

Buisson, ce nom propre nous dit encore vaguement quelque chose : il existe des rues Ferdinand-Buisson, des écoles Ferdinand-Buisson. Pourtant le personnage reste méconnu. C'est dommage car, à un titre différent de Gambetta ou de Paul Bert, Buisson peut être mis au « panthéon » des pères fondateurs de la République. Exilé volontairement en Suisse sous le Second Empire, il participe activement à deux congrès internationaux « pour la paix et la liberté » aux côtés de Jules Ferry, Victor Hugo, Edgar Quinet. Il s'y exclame : « Un uniforme est une livrée, et toute livrée est ignominieuse, celle du prêtre et celle du soldat, celle du magistrat et celle du laquais. » Alors très antimilitariste, Buisson n'était pourtant pas antireligieux. Il était protestant et, hérétique parmi les hérétiques, s'en prenait aux Églises de la Réforme pour prôner « une religion de l'idéal moral, sans dogme, sans miracle, sans prêtre ».

De retour en France après la proclamation de la République, Buisson est nommé « inspecteur pour les écoles primaires de la Seine » – une décision rapportée sous l'influence de Mgr Dupanloup. Qu'importe : il représente la France aux expositions universelles de Vienne (1873) et de Philadelphie (1876) : « L'observation et la comparaison avec la situation scolaire des grandes nations lui permettent de mesurer l'étendue de la tâche à accomplir en France » (L. Loeffel, 1999, 15). Et c'est une personnalité aux compétences reconnues que Jules Ferry, devenu ministre de l'Instruction publique, appelle à la direction de l'Enseignement primaire en février 1879. Il y restera jusqu'en 1896, élaborant, selon les termes de Raymond Poincaré, « tous les projets de loi, tous les règlements, toutes les circulaires ».

Titulaire, ensuite, de la première chaire de sciences de l'éducation à la Sorbonne (1896-1902), Buisson contribue à la création de la Ligue des droits de l'homme (1898), qu'il présidera plus tard. Élu député radical de Paris en 1902, il devient président de la Ligue de l'enseignement et de l'Association nationale des libres-penseurs de France. Nous le retrouverons à propos du débat sur le monopole scolaire. Mais il faut tout de suite préciser qu'il préside également, de 1903 à 1905, la commission parlementaire sur la séparation des Églises et de l'État, opérant ainsi, à travers sa personne, le lien entre l'instauration de la séparation et la laïcité de l'école publique. En 1927, le prix Nobel de la paix couronne sa belle carrière.

Ferdinand Buisson est également le maître d'œuvre du volumineux (5 600 pages) *Dictionnaire de pédagogie et d'instruction primaire*. Ce monument, « cathédrale de l'école primaire » (P. Nora, 1984, 353), « Bible des inspecteurs et des directeurs d'école normale » (Fr. Mayeur, 1981, 545), paraît de 1880 à 1887. Il contient, signé de Buisson, un article « Laïcité ». Il constitue le premier exposé systématique de cette notion (cf. G. Gauthier - Cl. Nicolet, 1987, 203-215).

De la laïcisation à la laïcité

Avant de parler de laïcité scolaire, Buisson traite de la laïcité en général. C'est essentiellement ce qui nous intéresse ici. Dans une sorte de toile de fond historique, le point de départ est celui d'« un état des choses qui consistait essentiellement dans la confusion de tous les pouvoirs et de tous les domaines » et « la subordination de toutes les autorités à une autorité unique, celle de la religion ».

Le décor ainsi planté, Buisson indique que, « par le lent travail des siècles », « peu à peu les diverses fonctions de la vie publique se sont distinguées, séparées les unes des autres et affranchies de la tutelle étroite de l'Église ». Est d'abord advenue la « sécularisation de l'armée », ensuite celle « des fonctions administratives et civiles» et également «celle de la justice». Selon notre auteur, «toute société qui ne veut pas rester à l'état de théocratie pure» se trouve obligée d'entrer dans ce mouvement de distinction et d'affranchissement, qui est cependant resté très incomplet jusqu'à «la Déclaration des droits de l'homme» car le clergé a conservé «un droit d'immixtion, de surveillance, de contrôle ou de veto» sur les différents pouvoirs et «sur l'ensemble de la vie publique et privée».

La Révolution française constitue donc un nouveau départ. Elle fait «apparaître pour la première fois dans sa netteté entière l'idée de l'État laïque, de l'État neutre entre tous les cultes, indépendant de tous les clergés, dégagé de toute conception théologique». Des «mesures décisives» en furent la conséquence: «L'égalité de tous les Français devant la loi, la liberté de tous les cultes, la constitution de l'état civil et du mariage civil et en général l'exercice de tous les droits civils, désormais assurés en dehors de toute conviction religieuse.»

Certes, entre la Révolution et la IIIe République se sont succédé, pendant trois quarts de siècle, une série de régimes combattus – sauf exception – par les républicains. Pourtant, assure Buisson, «malgré les réactions, malgré tant de retours directs ou indirects à l'Ancien Régime», malgré toutes ces «oscillations» et «hésitations politiques, le principe a survécu: la grande idée, la notion fondamentale de l'État laïque, c'est-à-dire la délimitation profonde entre le temporel et le spirituel, est entrée dans nos mœurs de manière à n'en plus sortir». Fi donc, dès lors, des «inconséquences dans la pratique», des «concessions de détail», des «hypocrisies masquées sous le nom de respect des traditions», car «rien n'a pu empêcher la société française de devenir, à tout prendre, la plus séculière, la plus laïque de l'Europe».

Laïcité = laïcisation + droits de l'homme

Buisson continue son propos en se focalisant sur l'école primaire, «seul domaine [à avoir] échappé jusqu'à ces dernières années à cette transformation [laïque] ». Il va longuement insister sur les transformations opérées par la « législation française de 1882 », « une de celles, écrit-il, qui ont le plus logiquement et le plus complètement établi le régime de la laïcité ». Mais arrêtons là, pour l'instant, la lecture de ce texte et réservons la suite pour le prochain chapitre. Les passages cités comportent déjà plusieurs enseignements.

Premier constat important : Buisson se situe aux antipodes d'une conception de la laïcité comme « exception française ». Affirmer que la société française est « la plus laïque de l'Europe » implique que d'autres sociétés européennes le sont également (en 1883 !), bien qu'à un degré moindre. Et Buisson s'en tient à l'Europe car, aux États-Unis d'Amérique et au Mexique, contrairement à la France d'alors, les Églises sont séparées de l'État. Sans doute considère-t-il que ces nations sont plus laïques que la France. D'ailleurs, en déclarant que « la législation française de 1882 est *une de celles* [souligné par nous] qui ont [...] le plus complètement établi le régime de la laïcité », Buisson confirme que ce régime existe dans d'autres pays. En feuilletant le *Dictionnaire de pédagogie*, on remarque que divers articles insistent sur les éléments de laïcité à l'œuvre ailleurs que dans l'Hexagone.

Deuxième constat : chez Buisson, la laïcité s'adosse à la laïcisation. Son texte commence en effet par une description rapide et synthétique d'un processus de laïcisation opéré par « le lent travail des siècles ». Ce processus historique présente deux caractéristiques. D'abord, la distinction, la séparation progressive des « diverses fonctions de la vie publique ». Dans leur jargon propre, les sociologues appellent cela la « différenciation institutionnelle ». Ils en ont fait un aspect fondamental des sociétés modernes. Ensuite – seconde caractéristique – il y a l'affranchissement de ces diverses fonctions « de la tutelle étroite de l'Église ».

Suivant les institutions, cette émancipation peut se produire à des époques bien différentes : « de très bonne heure » pour l'armée, seulement en 1882 pour l'école. Il n'empêche – troisième constat –, un seuil décisif se trouve franchi avec « la

Déclaration des droits de l'homme» et la «Révolution française». Selon Buisson, «l'idée de l'État laïque» n'émerge pas du combat du roi Philippe le Bel (1268-1314) et de ses légistes contre le pouvoir ecclésiastique, même si ce combat fait partie, selon toute vraisemblance, du processus de laïcisation. Non, c'est en 1789 que l'idée laïque apparaît «pour la première fois». Pourquoi ? D'abord parce qu'une certaine imbrication des pouvoirs, un contrôle de «l'Église» sur la vie publique, a subsisté pendant tout l'Ancien Régime. Ensuite parce que notre auteur assigne une finalité à «l'État laïque»: assurer «l'égalité de tous les Français devant la loi, la liberté de tous les cultes, [...] et en général l'exercice de tous les droits civils [...] en dehors de toute considération religieuse». La laïcité suppose donc que la laïcisation soit mise au service des droits de l'homme. On peut aussi parler des «droits fondamentaux» pour éviter l'ambivalence du mot «homme» (être humain/être masculin) dont beaucoup se sont servis aux dépens du droit des femmes.

Qui menace la laïcité aujourd'hui ?

Beaucoup d'eau a coulé sous les ponts de la Loire, du Rhin, du Saint-Laurent, du Gange... depuis 1883. Pourtant, des chercheurs qui ont travaillé à partir d'autres prémisses sur la notion de laïcité au début du XXIe siècle n'ont pas abouti à des résultats essentiellement différents. Ainsi, analysant l'histoire du Québec, Micheline Milot arc-boute également la laïcité sur le processus de «laïcisation». Elle estime que «les modèles de laïcité française ou états-unienne» doivent être «compris dans un modèle plus large qui rend possible des regroupements, des distinctions, des filiations entre les expériences nationales particulières». Elle définit ainsi la laïcité: «Un aménagement (progressif) du politique en vertu duquel la liberté de religion et la liberté de conscience se trouvent, conformément à une volonté d'égale justice pour tous, garanties par un État neutre à l'égard des différentes conceptions de la vie bonne qui coexistent dans la société» (2002, 34). Nous constatons là aussi un lien explicite entre laïcité et référence aux droits fondamentaux de l'être humain. Dans cet ouvrage, nous allons construire peu à peu notre propre définition; nous la donnerons lors du dernier chapitre.

Texte fondateur, l'article de Buisson n'a cependant rien d'une parole sacrée! Conservons donc notre esprit critique et effectuons une quatrième constatation: la terminologie de Buisson reste hésitante, et de façon un peu surprenante. En effet, il affirme que le mot «laïcité» constitue un «néologisme nécessaire». Il précise même: «Aucun autre terme ne [permet] d'exprimer sans périphrase la même idée dans son ampleur». Pourtant, il emploie ensuite de façon équivalente les termes «laïque» et «séculier». Rappelons-nous sa conclusion: «Rien n'a pu empêcher la société française de devenir [...] la plus séculière, la plus laïque de l'Europe.» Et il y a plus encore, car nous avons un tantinet truqué les cartes: ce n'est pas le vocable «laïcisation», mot de la même famille sémantique que «laïcité», qui désigne chez lui le processus historique. C'est, curieusement, le terme «sécularisation». Il y revient à trois reprises. Ainsi, il est question de «sécularisation de l'armée». Ou encore l'auteur précise: «La sécularisation n'est pas complète avant 1789.»

Jules Ferry parle lui aussi de «sécularisation». Il préfère même cette expression ancienne au «mot nouveau» de laïcité, pour une simple raison tactique: par son ancienneté même, elle fait moins peur. Voulant expliquer les raisons de l'invention d'un terme nouveau, Buisson n'en retombe pas moins dans les ornières de l'ancien! Serait-il politiquement correct? L'aspect malhabile de son propos témoigne en tout cas de la difficulté, pour le chercheur, à se dégager des enjeux idéologiques propres à son temps.

Depuis lors, des sociologues ont beaucoup travaillé la notion de sécularisation. Et il est possible, désormais, de distinguer sécularisation et laïcisation. En réalité, c'est moins compliqué que cela n'en a l'air! Pour aller au plus concret, nous examinerons deux institutions: l'école et la médecine. Si l'on en croit le rapport de la commission Stasi (décembre 2003), la laïcité serait menacée dans l'espace scolaire et à l'hôpital. Le diagnostic n'est pas faux. Mais qui menace la laïcité ? « Un certain islam » (une « dérive islamiste », un « intégrisme musulman »...), dira-t-on en général. Et si « l'islam » n'était que le miroir de difficultés dont la source est ailleurs ? Car le problème principal de la laïcité française d'aujourd'hui consiste peut-être à se trouver « rattrapée » par la sécularisation. Nous tenterons de l'expliquer: après deux périodes, deux « seuils » de laïcisation, la laïcité française est maintenant entrée dans une troisième période, atteint un « troisième seuil » aux caractéristiques sécularistes. Nous allons voir comment et pourquoi dans les chapitres qui suivent en examinant successivement les institutions de socialisation (l'école, la médecine...), l'État, la nation, l'individu.

L'universel et le particulier, la place et le rôle des femmes, la déstabilisation des institutions et ses conséquences, la présence du « spirituel républicain » dans la société française, les évolutions dans la représentation des droits fondamentaux, la morale laïque et ses mutations... Tous ces thèmes mettent en jeu la laïcité. Peut-être la manière dont cet ouvrage les aborde pourra-t-elle dérouter au début. Nous prenons, en effet, nos distances avec nombre d'idées admises, reçues. Mais les lecteurs se familiariseront peu à peu avec l'analyse car ils retrouveront les thèmes précités au cours de différents chapitres. Une vision d'ensemble se dégagera progressivement.

II

La naissance de l'école laïque

«L'école est très aimée des enfants. C'est un plaisir pour beaucoup d'y aller, non seulement à cause des camarades et des jeux, mais pour le maître même et les exercices de la classe ; les bons élèves supportent avec peine d'en être privés pour un temps, par exemple en cas de maladie ; il n'est pas jusqu'à l'internat [...] que ne retrouvent souvent avec plaisir, à la rentrée, ceux-là même qui ont le plus souhaité les vacances.» Pour le philosophe Henri Marion (1846-1896), auteur de ce texte, un tel plaisir d'école n'a rien d'étonnant. Il se produit chaque fois que «le maître est ce qu'il doit être, habile, égal, de bonne humeur», et aussi «quand la discipline est intelligente et douce avec fermeté, quand la part est faite, large comme elle doit l'être, à la vie physique et au jeu et que les méthodes d'enseignement, actives et vigilantes, bannissent la torpeur et l'ennui».

Cette présentation très idyllique de l'institution scolaire se trouve dans la *Grande Encyclopédie* (ou «Encyclopédie Berthelot», du nom de son directeur), monument en trente-deux volumes, parus de 1885 à 1901. L'élite républicaine, intellectuelle et scientifique, s'y exprime. Le texte ne rend naturellement pas compte de la réalité concrète de l'école d'alors, il montre plutôt à quel point la France républicaine est fière de son école publique, qu'elle appelle familièrement «la Laïque». Pour beaucoup, la laïcisation scolaire constitue la plus belle réalisation de cette IIIe République qui, contrairement à ses deux sœurs aînées, va s'installer dans la durée. L'œuvre scolaire a contribué à cette réussite en socialisant une génération nouvelle aux idéaux républicains.

Pourtant, il ne semblait pas acquis d'avance que la création d'une école laïque constituât une priorité. À la fin du Second Empire, quand Gambetta avait présenté le programme républicain, dit de « Belleville », il mettait plutôt l'accent sur la séparation des Églises et de l'État. Or les républicains vont entreprendre la laïcisation de l'école publique une bonne vingtaine d'années avant de réaliser la séparation. Pourquoi ce changement ? Le Second Empire, surtout à ses débuts, symbolisait l'alliance « du sabre et du goupillon ». Les républicains estimaient nécessaire d'annoncer qu'ils briseraient une telle alliance. Au pouvoir, ils se sont vite rendu compte que le Concordat n'impliquait pas obligatoirement une imprégnation de l'État par la religion. Rappelons que, dans sa présentation de la laïcité, Buisson écrit que l'État est laïque. Et il ajoute que seule l'école primaire publique a échappé à la transformation laïcisatrice. La laïcisation de l'école publique est donc présentée comme l'aboutissement du processus. La séparation n'est même plus mentionnée comme un objectif à atteindre.

Bien sûr, ce silence comporte une raison tactique : quand on opère une rupture qui rencontre des résistances, on n'a guère intérêt à affirmer que cette rupture en précède une autre ! Mais de Jules Ferry à Waldeck-Rousseau, voire même Émile Combes, nous verrons l'attachement des républicains au Concordat pour tenir en bride l'Église catholique. Du point de vue de l'État laïque, la laïcisation de l'école publique apparaît plus urgente que la séparation. Peut-être parce que, à travers l'école, l'État laïque poursuit l'objectif d'enseigner la nation, de construire une identité nationale.

Au XIXe siècle, tous les États modernes se préoccupent de développer l'école. Mais en France l'institution scolaire constitue un enjeu politique entre l'Église catholique et l'État, alors qu'en Angleterre elle s'avère plutôt un enjeu culturel entre l'Église d'Angleterre et des forces de la société civile (J. Baubérot - S. Mathieu, 2002).

De l'école à l'école laïque

Reprenons la lecture d'Henri Marion. « L'école, nous dit-il, est à sa manière un milieu naturel pour l'enfant, favorable à son développement, d'une autre sorte mais presque autant que la famille même. Elle répond à son besoin de société et de camaraderie : il y apprend l'ordre, l'égalité, la solidarité ; il s'y exerce aux luttes de la vie, et s'il y déploie moins librement que dans sa famille sa personnalité, il apprend à compter avec celles des autres. » Marion nous indique ainsi, de façon un peu masquée (l'école n'a rien d'un « milieu naturel »), que l'école constitue une puissante institution de socialisation qui complète, voire corrige, l'institution familiale. Les sociologues parleront volontiers, à propos de la famille et de l'école, de « socialisation primaire », car elles s'adressent à l'enfant et lui enseignent les manières d'être, les règles de vie, les références culturelles, les connaissances d'un milieu social (pour la famille), de la société ou plutôt d'une société donnée (pour l'école). Par un lapsus significatif, notre philosophe change, sans doute involontairement, la devise républicaine « liberté, égalité, fraternité » ; appliquée aux élèves, elle devient : « ordre, égalité, solidarité »...

Des siècles durant, l'immense majorité des enfants ne sont nullement allés à l'école. Celle-ci apparaissait essentiellement réservée aux enfants des nobles, aux fils de juristes et de marchands. La situation commence à changer au XVIIe et surtout au XVIIIe siècle, où mettre en place des écoles paroissiales fait partie de la pastorale catholique de la Contre-Réforme. La Révolution développe peu, en fait, l'école élémentaire. Elle ne change pas, sauf exception, les rythmes de l'alphabétisation. Mais « elle invente une image de l'école, elle investit sur l'école son propre avenir. [...] L'école devient la figure centrale des pouvoirs illimités de la société sur le bonheur des individus : sous l'Ancien Régime, elle avait pour charge de former des chrétiens, sous le nouveau elle devra faire des hommes libres et heureux » (F. Furet - J. Ozouf, 1977, 97).

Les écoles se multiplient au XIXe siècle, sous l'impulsion de la loi Guizot (en 1833, l'objectif est fixé : une école primaire de garçons dans chaque commune de plus de 500 habitants) et de la loi Falloux (objectif de 1850 : une école primaire de filles dans chaque commune de plus de 800 habitants). Mais nous avons du mal aujourd'hui à imaginer ce que pouvait être une école du milieu du XIXe siècle. Le curé pouvait réquisitionner l'instituteur pour chanter lors d'une messe d'enterrement. Pendant l'absence de celui-ci, sa femme surveillait la classe en épluchant ses légumes. Les gros travaux des champs (fenaison, moisson, vendange) éloignaient les enfants de l'école pendant plus de six mois. Un instituteur ne gagnait pas plus qu'un domestique (et c'était pire pour les institutrices). Fréquemment, il exerçait un double métier. En fait il était plutôt garde champêtre, marchand de tabac ou cordonnier… et accessoirement instituteur. Le maire et le curé s'accordaient souvent pour réclamer une scolarisation un peu plus régulière. Un moyen (relativement) efficace consistait à brandir la menace de retarder la première communion. Donnée sous le contrôle du prêtre – voire du pasteur ou du rabbin –, l'instruction religieuse et morale se situe alors au cœur de l'enseignement de l'école publique.

Après avoir instauré la gratuité, en 1881, les républicains rendent l'instruction obligatoire par la loi du 28 mars 1882 pour les garçons et les filles de 6 à 13 ans. Cette même loi laïcise l'enseignement primaire public par trois dispositions : l'instruction morale et religieuse est remplacée par l'instruction morale et civique ; les articles de la loi Falloux donnant aux « ministres des cultes » (catholique, protestant, juif) un droit d'inspection, de surveillance et de direction sont supprimés ; enfin l'école publique donnera congé aux enfants un jour par semaine, outre le dimanche, pour faciliter la tenue du catéchisme. Le rythme scolaire est donc troué en son milieu.

Ambivalence de la laïcité ! Les deux premières dispositions marquent incontestablement une rupture avec l'influence sociale (d'aucuns diront « la domination ») de la religion sur l'école. Il y a neutralité religieuse alors que d'autres pays, moins laïques, se contentent d'une neutralité confessionnelle et gardent un cours de morale chrétienne ne dépendant d'aucune Église (B. Mely, 2003). En revanche, la troisième disposition témoigne d'une laïcité attentive à la pratique sociale de la liberté de conscience. L'école admet que le temps scolaire se trouve entamé, en quelque sorte, pour une raison religieuse. La commission Stasi (2004, 54) reprend à ce sujet l'expression québécoise d'« accommodement raisonnable ».

Laïcisation de l'école et stratégie différenciée

Cet « accommodement raisonnable » est loin d'être unique. Si la loi se veut religieusement neutre, les programmes officiels qui la suivent (27 juillet 1882) comportent une orientation « spiritualiste ». Dans son article définissant la laïcité, Buisson justifie un tel accommodement : « L'instituteur [...] doit à ses élèves et doit à l'État de ne prendre parti, dans l'exercice de ses fonctions, ni pour ni contre aucun culte, aucune église, aucune doctrine religieuse, ce domaine [...] devant rester le domaine sacré de la conscience. Mais on pousserait le système jusqu'à l'absurde si on prétendait demander au maître de ne pas prendre parti entre le bien et le mal, entre la morale du devoir et la morale du plaisir, [...] si on lui contestait le droit de parler de l'âme et de la liberté, parce que ce serait condamner le matérialisme ou le fatalisme ; de la tolérance, parce que ce serait blâmer implicitement la doctrine exclusive de telle ou telle Église ; des devoirs envers soi-même, envers les autres, envers Dieu, parce que ce serait pencher pour une morale chrétienne qui peut déplaire à un athée » (cf. G. Gauthier - Cl. Nicolet, 1987).

Plus étonnant encore : le ministère désavoue la précipitation avec laquelle certains enlèvent les crucifix des salles de classe. Une circulaire précise, le 2 novembre 1882, qu'opérer une telle mesure dépend du « vœu des populations » tel que le préfet l'appréciera. Si elles sont globalement d'accord pour retirer cet emblème, il conviendra de le faire, avec respect, pendant les vacances scolaires pour éviter tout incident. Dans le cas contraire, pas question de «porter le trouble dans les familles ou dans les écoles». La loi de laïcisation «n'est pas une loi de combat», c'est une «de ces grandes lois organiques destinées à vivre avec le pays». Les crucifix ne seront enlevés qu'au «moment, qu'il est impossible de préciser, [où] tous les hommes de bonne foi reconnaîtront que la place du crucifix est à l'église et non pas à l'école». La laïcité donne ainsi du temps au temps – au grand dam de certains militants. Ceux-ci accusent les politiques et l'appareil administratif de faire preuve de «faiblesse», voire de lâcheté. Pour nombre de catholiques, ce fut ressenti au contraire comme une habileté machiavélique. Encore au milieu du XXe siècle, le chanoine Louis Capéran (1961, 244) fustigera le «maître tacticien» Buisson (auteur probable de la circulaire), ses «tolérances astucieuses», alliant une «intransigeance de principes» et une «remarquable aisance de mouvement dans la conciliation des contradictoires».

Kiyonobu Tedo (2003, 54) a étudié cette laïcisation au cas par cas dans le département du Nord. Dans le sud-est du département, «l'industrialisation de la zone houillère rendait souvent les populations indifférentes aux pratiques religieuses». Valenciennes, Douai, Cambrai avaient la réputation d'être «médiocrement chrétiennes». Un prêtre rapporte que la population d'Avesnes «se moque de la religion». En ces endroits, une rapide laïcisation «est réalisée avec succès» en quelques années. En revanche, les arrondissements d'Hazebrouck et de Dunkerque (à part les marins et certains bourgeois) «passaient pour très chrétiens». Et dans l'arrondissement de Lille les catholiques pouvaient trouver quelques-unes de leurs plus «belles paroisses». Beaucoup «d'ouvriers belges flamands, pour leur part, montraient une certaine "fidélité" au catholicisme [...] du moins jusqu'à l'apparition du socialisme». La laïcisation s'avère, là, très incomplète: «Le préfet Jules Cambon et les fonctionnaires de l'Académie se préoccupent de ne pas bouleverser les populations» et de ne pas attaquer de front le clergé. «Ils tolèrent le maintien des crucifix et des prières dans les classes et l'accompagnement des enfants à la messe. Même si le catéchisme est récité, ils s'abstiennent de sévir.» Cette stratégie différenciée est aussi appliquée dans le reste de la France.

Vingt ans plus tard, plusieurs articles de l'hebdomadaire *La Raison* pestent contre le fait que certains prient encore dans les locaux scolaires et qu'il existe toujours des «emblèmes religieux» dans les écoles laïques. «Laïcisons la Laïque!», tel est le mot d'ordre lancé par *La Dépêche du Midi* le 18 septembre 1902. L'année précédente, l'influente Ligue française de l'enseignement avait demandé la suppression des «devoirs envers Dieu» dans les programmes de morale laïque. Elle souhaitait, cependant, voir enseigner les notions «d'histoire des religions» dans les écoles normales d'instituteurs et d'institutrices. «Cette proposition sera reprise dans les conclusions des deux congrès du Parti radical et radical-socialiste, en 1902 et 1903. La Ligue la réitérera lors de son congrès de 1904. Cette initiative [...] suscitera des articles favorables dans la presse pédagogique mais ne sera pas suivie d'effets réglementaires» (P. Ognier, 1994, 138). Le moment – lutte anticongréganiste, séparation des Églises et de l'État – n'était guère favorable!

Des «devoirs envers Dieu» à la solidarité

Les «devoirs envers Dieu» resteront inscrits dans le cours de morale laïque jusqu'en 1923. Pourtant, en analysant des cahiers d'écoliers, nous avons pu constater que, très tôt, beaucoup d'instituteurs ne traitent plus ce chapitre du programme (J. Baubérot, 1997). Il s'agit moins chez eux d'un refus de principe – Dieu peut apparaître comme figure consolatrice – que d'une difficulté pratique. La morale laïque tient beaucoup à montrer la réciprocité entre droits et devoirs. Les droits de l'un constituent les devoirs de l'autre (et inversement): tel est un de ses leitmotivs. Or, si aux États-Unis d'Amérique «le Créateur» dote les humains de droits inaliénables (inaliénables précisément parce qu'ils proviennent de Dieu), en France la Déclaration de 1789 s'effectue seulement «en présence et sous les auspices de l'Être

Suprême», sorte de président de séance muet et passif. Quelle raison donner à une telle différence? Essentiellement celle-ci: outre-Atlantique, le pluralisme des dénominations religieuses permet d'attribuer aux droits humains une origine divine sans faire de ces derniers la propriété d'aucune Église. Il en irait autrement en France: en 1789, l'Église catholique bénéficiait encore d'un monopole de légitimité religieuse, monopole imposé par l'État monarchique. Ensuite, même sous le régime de la liberté des cultes et du pluralisme officiel, elle reste l'Église historique, l'Église ultra-majoritaire, souvent en conflit avec les valeurs post-révolutionnaires.

Comment fonder alors l'obligation des «devoirs»? Dès les années 1880, une réponse apparaît: on peut les fonder au nom de la solidarité. Cette réponse prend de plus en plus d'importance jusqu'à devenir, au tournant du XIXe et du XXe siècle, la «doctrine de la solidarité» prônée non seulement à l'école laïque mais aussi à la puissante Ligue de l'enseignement, complément associatif de l'école publique, ainsi qu'au Parti radical et radical-socialiste.

Nous retrouvons Henri Marion dans les pères fondateurs de l'enseignement de la solidarité. Fait significatif, en 1880 il publie *Devoirs et droits de l'homme* (notons que le terme «devoir» précède celui de «droit») et soutient sa thèse «de psychologie»: *De la solidarité morale* (parue en 1883). Au même moment, Alfred Fouillée (1838-1912) complète cette approche par une vision plus sociologique (*La Science sociale contemporaine*, 1880) qui aura, nous en reparlerons, des applications pratiques au niveau politique (*La Propriété sociale et la démocratie*, 1884). Pour une fois que nous pouvons identifier un homme par sa femme (et non l'inverse!), ne nous en privons pas: Fouillée est le mari de l'auteure du célèbre *Tour de la France par deux enfants*. Au tournant du XIXe et du XXe siècle, le leader radical Léon Bourgeois va populariser «le solidarisme» et élaborer à partir de là le programme social et économique du Parti radical. Le solidarisme se veut un dépassement du libéralisme individualiste et du socialisme collectiviste. On peut le constater, la morale laïque n'est donc pas seulement l'apprentissage *a minima* de règles morales permanentes (Jules Ferry l'a, parfois, présenté ainsi par habileté tactique). Il s'agit d'une véritable morale d'adultes enseignée aux enfants, en lien avec un projet de transformation de la société.

La solidarité contre le darwinisme social

La « doctrine de la solidarité » possède une double origine (CURAPR, 1992) : le socialisme utopique et le positivisme d'Auguste Comte. Dès le milieu du XIXe siècle, Pierre Leroux propose de remplacer la « charité chrétienne » par la « solidarité humaine », clef de « la religion de l'avenir » et aussi principe d'organisation de la société. La solidarité, relation des êtres humains entre eux, permet de concilier le sentiment d'appartenance à une collectivité et l'exigence de l'épanouissement de l'individu. Chez Comte, « l'idée de solidarité est incluse dans celle de continuité [historique]. Notre interdépendance dans l'histoire et nos liens dans le temps, ont pour complément notre interdépendance simultanée à travers les agencements de l'ensemble de l'organisation sociale » (*ibid.*, 45). Plus tard, la thèse d'Émile Durkheim, *De la division du travail social* (1893), donnera comme tâche première à la sociologie l'étude des solidarités morales.

Mais la solidarité se relie aussi à l'approche physiologique de l'être humain, qui à cette époque a le vent en poupe. Le darwinisme vulgarisé affirme que la lutte perpétuelle pour l'existence constitue un moyen de perfectionnement qui sélectionne les qualités utiles de l'espèce humaine. Clémence Royer traduit, en 1862, *L'Origine des espèces* de Darwin et y ajoute, en préface, un commentaire que Darwin désavouera : « La loi de sélection naturelle, appliquée à l'humanité, fait voir [...] combien jusqu'ici ont été fausses nos lois politiques et civiles, de même que notre morale religieuse. » Je veux parler, précise-t-elle, « de cette charité impudente et aveugle pour les êtres mal constitués. [...] On arrive ainsi à sacrifier ce qui est fort à ce qui est faible, les bons aux mauvais, les êtres bien doués d'esprit et de corps aux êtres vicieux et malingres. [...] Il faut s'étonner que notre espèce, sous de telles influences, ne dégénère pas rapidement au lieu de progresser. [...] Rien n'est plus évident que les inégalités entre les diverses races humaines; rien encore de mieux marqué que ces inégalités entre les divers individus de la même race. Les données de la théorie de la sélection naturelle ne peuvent plus nous laisser douter que les races supérieures ne soient produites successivement; et que, par conséquent, en vertu de la loi de progrès, elles ne soient destinées à supplanter les races inférieures en progressant encore» (cf. P.-A. Taguieff, 2001, 85 *sq.*).

Tout en partageant l'idée que l'évolution résulte de la lutte pour l'existence, Fouillée récuse «les fausses conséquences sociales et morales du darwinisme» (cf. J.-M. Bernardini, 1997, 123). L'évolution nécessite aussi l'existence de liens entre les individus. Dès l'étude physiologique, affirment en chœur les solidaristes, on constate une «solidarité organique»: la vie est la résultante des relations entre divers organes, agissant et réagissant les uns sur les autres. La rupture des liens qui établissaient leur «solidarité» entraîne la mort. Les relations entre les humains sont analogues aux relations entre les organes. La vie de chaque individu, aussi bien physique que morale et intellectuelle, se trouve liée aux vies de tous ceux qui l'ont précédé. Tout humain est donc un héritier de l'ensemble de l'espèce humaine et tout particulièrement de la multitude de ses «ancêtres».

Le fondement de la solidarité

La morale laïque insiste sur les «biens» que nous trouvons à notre naissance: maison, outils, nourriture, livres, routes... Il s'agit des «bienfaits des morts», car la plupart de ceux qui ont œuvré pour ce résultat sont décédés. La morale laïque affectionne cette maxime: «Les morts sont morts, mais le bien qu'ils ont fait ne meurt pas.» Grâce à leurs bienfaits, les morts reçoivent le statut d'«ancêtres» et il arrive même que Confucius soit cité laudativement pour avoir enseigné la «vénération des ancêtres» (J. Baubérot, 1997, 262-267). C'est grâce à leur travail et à leurs souffrances que nous sommes passés d'une «société primitive» à la «civilisation». Les «ancêtres» sont donc considérés comme les «agents du progrès». Le peuple et les «savants» (terme générique qui englobera aussi bien Montaigne, Voltaire que Pascal ou Pasteur) de toute époque ont construit la France moderne et lui permettent de s'affranchir progressivement de contraintes matérielles et de «préjugés» intellectuels et moraux.

La généralisation de l'école, par la civilisation de l'écrit et du parler français dont elle est porteuse, constitue un grand dissolvant de la société traditionnelle. Elle valorise le choix du métier dans une France qui est encore largement la «France des terroirs» (E. Weber, 1976), où le métier se transmettait très souvent de père en fils. Avec le journal et le chemin de fer, elle favorise le passage de la «petite patrie» locale à la «grande patrie» nationale. Elle transforme les relations internes à la cellule familiale. Des rédactions mettent en scène l'enfant-élève. Il écrit les lettres de ses parents et lit le journal à ses grands-parents. Ces derniers doivent-ils devenir le symbole d'un esprit rétrograde dont il faut s'affranchir? Les révolutions, quand elles veulent réaliser «l'homme nouveau», jouent souvent les enfants contre les parents et les grands-parents. La morale laïque, elle, cherche à rééquilibrer cet effet de changement par l'affirmation que les aïeux et les anciens ont construit les avancées de civilisation qui permettent aux enfants de bénéficier de l'école.

Cette conception induit l'idée que tout être humain contracte une «dette» à l'égard de ceux qui l'ont précédé. L'affection, l'obéissance de l'enfant envers ses ascendants compensent, en partie, cette «dette». Mais comment s'en acquitter auprès de ceux qui ne sont plus? Il doit rendre ce qu'il a reçu en se montrant solidaire de ses contemporains et en agissant comme «bienfaiteur» des générations futures. Solidaire de ses contemporains en prêtant attention à ceux qui l'entourent, en écoutant la voix de sa conscience, en pratiquant l'entraide, la mutualité, en contribuant, dans la mesure de ses possibilités, à augmenter la tolérance, la liberté, la démocratie... Dans la décennie qui précède la guerre de 1914, on indiquera aussi qu'il est nécessaire d'élargir les droits du travailleur. Conduite personnelle et co-responsabilité citoyenne par le vote (pour les hommes !) favorisent la possibilité d'agir, de peser sur la situation. Et cela entraîne une solidarité envers les générations futures : en s'associant avec d'autres, on peut construire une société plus efficace, plus juste, plus « douce ». Progrès technique, progrès social, progrès moral, progrès politique sont constitutifs d'un même progrès, qui est « le » progrès.

Finalement, on agit comme les ancêtres et les anciens : on transmet à ses descendants l'héritage reçu encore amélioré ! L'itinéraire personnel de chacun, avec les espoirs d'ascension sociale grâce à l'école, se trouve inséré dans une sorte d'aventure collective. Les « devoirs envers soi-même » : être économe, s'instruire, bien travailler, se soucier de sa santé, faire périodiquement son « examen de conscience » pour progresser moralement... prennent sens par rapport aux « devoirs envers les autres » et aux « devoirs envers la société ». Les devoirs augmentent pour que les droits puissent aussi augmenter. L'action quotidienne prend une tonalité socio-historique et devient un élément de la « marche en avant » de l'humanité.

École laïque et mobilité sociale

Pas plus que les diverses morales chrétiennes, la morale laïque n'a produit des saints, loin s'en faut, mais ses effets de croyance ne doivent pas être sous-estimés. Ses fondateurs et les maîtres d'école ont disposé d'un temps opportun – des années 1880 à la « Grande Guerre » en tout cas – pour diffuser leurs idées. Nous l'avons vu : pendant longtemps l'utilité de l'école n'a rien eu d'évident aux yeux des familles. Confier ses enfants à l'école était ressenti comme la soustraction d'une force de travail et non comme un investissement à long terme. Le savoir enseigné à l'école n'apparaissait guère utile. Un basculement se produit progressivement au tournant du XIXe et du XXe siècle. Il devient peu à peu compréhensible que l'acquisition des fondamentaux – lire, écrire, compter – peut constituer une plus-value importante dans la vie personnelle et professionnelle. Dans les raisons qui incitent à aller à l'école on trouve l'idée que, si on reçoit une lettre, il vaut mieux éviter de la faire lire par le voisin, car elle peut contenir des « secrets », des informations qu'il convient de protéger. L'idée s'impose qu'il faut maîtriser la lecture et l'écrit pour échapper à l'emprise de tierces personnes. Cela constitue une importante mutation par rapport à la société traditionnelle, où la surveillance mutuelle et l'entraide allaient de soi, à charge de revanche.

Parallèlement, l'idée de la mobilité (et de la promotion) sociale commence à imprégner les esprits. En maîtrisant les fondamentaux, l'enfant pourra améliorer sa condition. Il s'élèvera par l'instruction, le travail, l'ordre et l'épargne. « Pas tout d'un coup, bien entendu », affirme le « cordonnier Grégoire » dans une petite histoire racontée par Ernest Lavisse : « Mon père n'avait rien, j'ai quelque chose ; mes enfants s'ils font comme moi, doubleront, tripleront ce que j'aurai laissé ; mes petits-enfants seront des Messieurs [= des bourgeois]. C'est ainsi qu'on s'élève dans la société » (cf. E. Weber, 1976, 479). Quatre générations : personne n'oserait plus aujourd'hui en France proposer cela. À l'époque, une telle espérance à long terme était doublement crédible : crédible pour les « élites » qui la proposaient (le positivisme était familier du maniement de la longue durée), crédible aussi pour les masses paysannes (certains ouvriers vont rêver, eux, du « grand soir »), car le temps cyclique de la nature s'accordait avec le temps long de la succession des générations : on montrait aux enfants les arbres plantés par l'arrière-grand-père !

Le « rituel » qui concrétise l'espoir de la promotion sociale est le certificat d'études (P. Cabanel, 2002). Il est en progression rapide : 5000 diplômes en 1872, 197000 délivrés vingt ans plus tard. Entre-temps, il est devenu monnayable sur une partie du marché du travail. À partir de 1887, le certificat d'études est la condition d'entrée aux cours complémentaires, aux écoles primaires supérieures (qui donnent l'espoir de devenir fonctionnaire) et aux écoles pratiques de commerce et d'industrie qui forment les petits cadres commerciaux et industriels.

Ainsi l'école primaire laïque se veut «l'école du peuple». Mais comprenons bien ce mot: le «peuple» (le *laios* grec), ce n'est pas tout le monde, ce sont ceux qui n'ont rien – ou pas grand-chose. Les gens du peuple ne sont pas les bourgeois. Les «petites classes» des lycées (qui correspondent à l'âge de la fréquentation de l'école primaire) restent payantes. L'enseignement secondaire aussi. Deux cursus parallèles existent et ne fusionnent pas, même en haut de l'échelle, dans les filières de l'excellence: aux Écoles normales supérieures de la rue d'Ulm (pour les garçons) et de Sèvres (pour les jeunes filles) des bourgeois vont correspondre les Écoles normales supérieures primaires de Saint-Cloud et de Fontenay-aux-Roses. C'est là que le père de l'auteur de cet ouvrage (fils de paysan) et sa mère (fille de petit employé municipal) se sont rencontrés. Plus tard, ils donnèrent naissance à un professeur de l'enseignement supérieur. Pour certains, en trois ou quatre générations, l'ascenseur social a fonctionné. Quant à l'intégration dans la classe bourgeoise, cela est une autre histoire…

III

École et laïcité de 1905 à 2005

« Quand l'école de Jules Ferry est-elle morte ? » se demande Antoine Prost (1983, 357 *sq*.). Sa réponse d'historien, nous allons le voir, est la suivante : progressivement, entre 1959 et 1975. Cette « école républicaine » a donc duré près d'un siècle. Ce n'est pourtant pas faute d'avoir été contestée et parfois rejetée par ses principaux bâtisseurs. Avant même la Première Guerre mondiale, Ferdinand Buisson et la Ligue de l'enseignement mettaient en cause le « dualisme scolaire » subsistant au sein de l'école de la République.

Un tel dualisme est souvent oublié aujourd'hui. On imagine la laïcisation de l'école comme la création d'une école unique pour tous les petits Français. Tout au long du XIXe siècle, les anticléricaux n'avaient-ils pas fustigé « les deux écoles » (l'école publique, l'école congréganiste catholique), qui élevaient séparément « deux jeunesses » ? On oublie qu'au sein même de l'école laïque deux jeunesses – celle de « l'élite » et celle du « peuple » – ne se fréquentent pas. Du peuple, les fils de la bourgeoisie devenus étudiants connaissent surtout les « grisettes », leurs maîtresses occasionnelles. Leur premier contact prolongé avec ledit « peuple » s'effectuera pendant la guerre de 1914-1918, dans les tranchées, quand ils seront officiers et encadreront les soldats.

Dès la fin de la guerre, les militants de l'« Université nouvelle » font pourtant de la suppression des « petites classes » des lycées un objectif prioritaire. « La vraie démocratie, écrivent-ils, c'est la société qui a pour règle générale que les hommes ne vivent pas comme s'ils étaient de diverses origines [sociales], mais où chacun collabore, dans la mesure de ses forces et de ses aptitudes, à assurer les tâches communes, où la seule hiérarchie est celle du mérite et de l'utilité» (cf. M.-Cl. Blais, 2002, 139). Mais ces «compagnons» n'obtiennent pas satisfaction et lorsque, dans les années 1930, l'enseignement secondaire devient gratuit les «classes élémentaires des lycées» restent payantes. Supprimées officiellement par l'ordonnance du 3 mars 1945, elles subsistent en fait jusqu'au milieu des années 1960.

Ferry voulait que le «hasard de la naissance» ne puisse pas contrecarrer l'«égalité d'éducation» (cf. P. Robiquet, I, 1893, 284). Il s'agissait de construire une société de semblables, non une société d'égaux. Chacun doit pouvoir gravir quelques barreaux de l'échelle sociale. Par ailleurs, supprimer la filière spécifique de l'élite aurait entraîné la fuite de la jeunesse républicaine bourgeoise vers les établissements confessionnels. En effet, malgré de durs épisodes de lutte anticongréganiste, jamais la liberté de l'enseignement n'a été abolie. L'institution scolaire est restée plurielle, même si, au niveau de l'idéologie républicaine, son pluralisme apparaissait problématique.

Les lendemains de la Seconde Guerre mondiale apparaissent alors comme un rendez-vous doublement manqué. Rendez-vous manqué pour rapprocher l'école privée (essentiellement catholique) et l'école publique laïque: une commission, présidée par un socialiste de conviction protestante, André Philip, faillit aboutir en 1945 (P. Ricœur, 1957, 219-232). Mais l'accord ne se fit pas. Rendez-vous manqué pour l'unification de l'école laïque: en 1947, le plan Langevin-Wallon (J. Baubérot, 1994, 292 *sq.*) propose un ensemble de réformes ambitieuses conduisant à une véritable «démocratisation». L'école unique pour toutes les classes sociales et la diversification des cours par des classes de rattrapage doivent permettre que «tout enfant, quelle que soit son origine sociale, puisse, s'il en a les mérites, arriver aux plus hautes situations». C'est une demande pour «des raisons de justice et d'équité» et aussi parce que de «nouvelles conditions économiques et sociales» exigent désormais un nombre beaucoup plus grand de personnels qualifiés.

« Priorité est donnée, nous dit Marie-Claude Blais (2002, 140), à l'élévation du niveau intellectuel de la nation. » Ce projet restera cependant dans les tiroirs jusqu'aux années 1970.

De la loi Debré à la réforme Haby

La Vᵉ République va résoudre à sa manière les questions laissées en suspens. D'abord, la loi Debré (31 décembre 1959) veut en finir avec le conflit école publique - école privée. En échange de l'adoption des programmes de l'enseignement public et du respect de la liberté de conscience, elle accorde des aides financières très substantielles aux établissements privés sous contrat, gardant un « caractère propre ». Dans un premier temps, elle ravive d'anciennes querelles et met en fureur les milieux laïques. Plus de dix millions de signatures sont réunies par une pétition nationale. Pourtant, la loi s'acclimatera dans le pays. Selon les conclusions d'un colloque d'historiens de l'éducation (B. Poucet, 1999), « elle s'est montrée juridiquement inventive et suffisamment plastique politiquement pour être capable de multiples adaptations ». Disons également qu'elle a bénéficié de circonstances favorables. Peu après son adoption, le concile Vatican II (1962-1965) effectue l'*aggiornamento* de l'Église catholique. Ce changement socio-religieux diminue notablement la crainte du catholicisme, encore vivace dans les années 1950. Ensuite, à partir des années 1970, les critiques de l'école vont d'abord toucher l'école publique. L'école privée apparaîtra alors comme une nécessaire instance d'appel.

La loi Debré ne constitue que le premier élément de la fin de l'école ferryste. Le second, repéré par Antoine Prost (1983, 362), consiste à remplacer « la confusion des âges et la ségrégation des sexes » par « la différenciation des âges et la mixité [sexuelle] ». L'école ferryste, pour sept à huit ans d'études, connaissait trois cours distincts : le cours élémentaire, le cours moyen, le cours supérieur. Les âges se trouvaient donc relativement mélangés. En revanche existaient des écoles de garçons et des écoles de filles distinctes, sauf dans de petits villages où il ne pouvait y avoir qu'une classe unique, tenue en général par une institutrice. Il paraissait, en effet, difficilement concevable qu'un instituteur enseignât aux petites filles.

La « réforme Berthouin » (janvier 1959) allonge jusqu'à seize ans la scolarité obligatoire, et l'évolution des mentalités demande de mieux séparer les âges. L'exode rural entraîne la fermeture d'écoles de campagne devenues trop « squelettiques ». En sens inverse, il faut construire rapidement de nouvelles écoles dans les banlieues. La mixité est la solution pragmatique pour faire face à ces différents problèmes. Or le mélange des sexes choque de moins en moins. Un an après Mai 1968, une circulaire ministérielle donne aux recteurs le pouvoir de rendre mixtes les écoles qui sont sous leur autorité. « Il apparaît aujourd'hui, affirme-t-elle, que, dans la plupart des cas, les familles ne s'alarment plus de voir admettre garçons et filles sur les mêmes bancs d'écoles. » Et le texte poursuit : « Sauf exception, la gémination ne semble guère non plus rencontrer d'opposition dans les assemblées élues et le personnel enseignant » (17 juin 1969). Le résultat ne se fait pas attendre : lors de l'année scolaire 1961-1962, il existait environ 1800 écoles mixtes et plus de 53000 écoles de garçons ou de filles. Dix ans plus tard, nous trouvons environ 28400 écoles mixtes pour 8800 écoles de garçons ou de filles. Le nombre de classes a augmenté, le nombre d'écoles s'est notablement réduit. Mélanger les deux sexes permet de distinguer les âges et va, en prime, donner nettement plus d'importance au problème des redoublements de classe.

Mais le plus important reste le problème des deux filières distinctes. Certes, il ne s'agit nullement d'un apartheid et il a toujours existé des passerelles entre le primaire et le secondaire. Des élèves brillants du primaire réussissaient le concours d'entrée en sixième (où cinq fautes à la dictée vous donnaient un zéro éliminatoire) et pouvaient obtenir des bourses pour effectuer leurs études. Cependant, le passage s'effectuait presque au compte-gouttes. Les ouvrages de Pierre Bourdieu et Jean-Claude Passeron (1966, 1970), avant et après Mai 1968, montrent que l'école reproduit les inégalités issues des origines sociales et culturelles des élèves. Peu après, un sociologue plutôt classé « à droite », Raymond Boudon (1975), parle aussi, à sa manière, de « l'inégalité des chances ». Dans un premier temps, on s'ingénie à multiplier les passerelles. Ensuite, la réforme « Haby » (11 juillet 1975) instaure une architecture à trois niveaux : école primaire, collège, lycée, avec un passage automatique de l'école primaire au collège. L'école démocratique de masse est instaurée.

Que signifie cette notion d'« école démocratique de masse » ? François Dubet (2000, 385) donne trois critères pour la définir. D'abord, « l'entrée dans le système scolaire n'est pas fixée directement par l'origine sociale des élèves » ; ensuite, « la sélection tend à se réaliser uniquement à l'intérieur du système sur des critères scolaires » ; enfin, « tous [les élèves] ont le droit de poursuivre leurs études en fonction de leurs seules performances ». Ainsi cette école est démocratique car les élèves sont égaux « en termes de droits à la réussite ». Mais l'école est, et reste, un espace de compétition. Elle classe et hiérarchise les élèves en fonction de leurs performances scolaires. Toute école démocratique de masse est « méritocratique » : elle « cherche à isoler le mérite dans une compétition pure ».

Les problèmes de « l'école démocratique de masse »

Au moment même où émerge l'école démocratique de masse, d'autres mutations sociales se produisent, comme la légalisation de l'interruption volontaire de grossesse (IVG) qui, désormais, intègre la question du « droit des femmes » dans les « droits de l'homme ». Par ailleurs, la fin des « Trente Glorieuses », années d'expansion économique et sociale, change la nature de l'immigration. À une immigration temporaire d'hommes « seuls » (qui, en fait, laissaient femmes et enfants dans les pays d'origine) se substitue une immigration familiale permanente. Le paysage politique ne tarde pas, lui aussi, à changer : en 1981, la gauche arrive au pouvoir par l'élection de François Mitterrand à la présidence de la République.

De difficiles négociations pour parvenir à un « service public unifié et laïque de l'Éducation nationale » (SPULEN) s'engagent. Ce service remplacerait la loi Debré en insufflant du pluralisme interne dans l'école publique. De nouveau, la querelle fait rage (J. Battut *et al.*, 1995). Plus d'un million de personnes défilent dans les rues de Paris en juin 1984. Elles dénoncent la « loi liberticide »… qui est retirée le mois suivant. L'idée de laïcité se trouve alors au plus bas. Certains vont parler, alors, de « nouvelle laïcité » ou de « laïcité ouverte », pour la faire rebondir. Effectivement, très vite, rencontres, colloques, livres témoignent d'un nouveau dynamisme autour de la Ligue de l'enseignement. À l'automne 1989, pourtant, la première « affaire des foulards » éclate dans un collège de Creil (Oise) : il existait alors quarante-cinq établissements, répertoriés par les Renseignements généraux, où de jeunes musulmanes portaient des foulards. Cette affaire surprend ; elle va profondément, durablement diviser les milieux laïques.

Cette surprise est sans doute l'indice d'un changement important : désormais, c'est ce que mettent en scène les médias qui retient avant tout l'attention. Car, à y regarder de plus près, cette surprise est elle-même un peu surprenante : depuis 1982, en effet, un vif débat d'idées a lieu au sein de la gauche laïque. Et ladite affaire des foulards de Creil est une illustration, dramatique pour les uns, dramatisée pour d'autres, d'une querelle qui continue jusqu'à aujourd'hui.

Controverse mal connue, qui déroute ceux qui en perçoivent des échos indirects. Elle s'enracine dans le constat, unanime, d'une situation inquiétante dans les collèges : beaucoup d'élèves y arrivent sans savoir lire. L'immigration ne constitue pas encore une variable importante mais déjà l'école démocratique de masse se trouve brutalement confrontée à la mixité culturelle et sociale. En décembre 1982, une commission, dirigée par Louis Legrand, remet son rapport au ministre. Pour elle, l'échec du collège unique provient du maintien de la pédagogie adaptée à l'ancien enseignement secondaire.

Le rapport Legrand émet des suggestions, certaines susceptibles d'être expérimentées par des établissements volontaires. Il propose l'aménagement des horaires en vue d'une ouverture plus grande à la société, l'établissement de projets interdisciplinaires. Il souhaite la décentralisation des établissements et, conjointement, un enseignement plus individualisé avec la possibilité d'un « tutorat » individuel de chaque élève. Ces conclusions déclenchèrent « une véritable tornade. [...] L'idée du tutorat fut perçue comme un projet de tutelle morale et affective ». La perspective de projets d'établissements « inquiéta les plus attachés à l'unité de la République : que l'enseignement pût ne pas être partout identique [apparut] une capitulation honteuse devant les besoins des enfants et un asservissement aux demandes de la société civile » (M.-Cl. Blais, 2002, 51).

De nombreux ouvrages sont alors publiés pour dénoncer le déclin programmé de l'école. Le plus construit servira de base théorique aux adversaires résolus du foulard dont, naturellement, il n'est nullement question ces années-là. Il s'agit du livre *De l'école*, du philosophe Jean-Claude Milner. Sa thèse est claire : « L'école ne doit rien céder sur les savoirs et s'en tenir à eux : s'il faut pour cela qu'elle refuse de compter avec les différences, qu'elle fasse comme si elles n'existaient pas, qu'elle tourne le dos à la gentillesse fade, le prix doit être payé. S'y refuser, fût-ce au nom d'une sensibilité chaleureuse, est un crime, quand cela revient à installer au pouvoir, déguisée en mère nourricière, la bête immonde » (1984, 152). La « bête immonde » : cette évocation du nazisme sera reprise cinq ans plus tard : en acceptant de tolérer le port du foulard, sous certaines conditions, Lionel Jospin accomplit « le Munich de l'école républicaine » (cinq intellectuels dans *Le Nouvel Observateur*, 2/11/1989).

« Républicains » contre « démocrates-réformateurs-pédagogues »

Une virulente polémique oppose ceux qui s'intitulent eux-mêmes « républicains » à ceux qui vont être qualifiés de « réformateurs», «pédagogues» ou «démocrates». Pourtant, «derrière ces laïcités en conflit, derrière ces conceptions contradictoires de l'école, les uns et les autres prétendent, en dernière analyse, défendre un même idéal, un même projet, celui de favoriser l'émergence d'un sujet autonome et responsable donc pourvu d'esprit critique, d'une personne apte à vivre en société» (S. Solère-Queval, 1999, 175). Il paraît même possible d'effectuer un montage de citations pour faire apparaître un «unanimisme trompeur». Les deux camps l'affirment de concert: l'institution scolaire est le lieu et l'instrument privilégié de la réalisation de ce fameux «sujet autonome et responsable», pourvu «d'esprit critique». Ils estiment également, avec un bel unanimisme, qu'une politique publique volontariste est indispensable. Des deux côtés, note Marie-Claude Blais (2002, 58), on donne à l'État «la responsabilité des orientations fondamentales des programmes», de la «répartition géographique des élèves» et des «horaires d'enseignement». Évidences franco-françaises: dans bien d'autres pays (Allemagne, Belgique, Canada, Royaume-Uni...), tout cela constitue la responsabilité d'entités non étatiques. Belges ou Canadiens n'ont-ils alors aucun espoir d'accéder à «l'esprit critique»?

Sylvie Solère-Queval (1999, 173 *sq.*) a repéré quatre lieux d'opposition frontale, dans un argumentaire qui, en vingt ans, n'a guère évolué. Le plus important concerne les rapports de l'école et de son environnement social. Selon le «républicain» Bernard Bourgeois, l'«ouverture de l'école sur la vie» constitue un «principe mortel». L'école doit être un «sanctuaire», protégé de la «fureur du monde» (*Le Monde*, 7/10/1983). Un «sanctuaire», donc un lieu clos, mais aussi l'activité d'un temps «extérieur aux activités sociales majeures» (J.-Cl. Milner, 1984, 76). Les «réformateurs», eux, reprennent à leur compte les objectifs du plan Langevin-Wallon de 1947: une école qui prépare l'élève «à prendre conscience» de son futur «rôle dans la vie sociale» et de sa future «responsabilité de citoyen». Ce projet proposait déjà des «groupes scolaires à structure démocratique» pour favoriser cet apprentissage.

Dans cette controverse, chacun accuse l'autre d'adopter une

conception religieuse de l'école. Le discours «républicain», affirment ses adversaires, comporte des formules significatives: «Le vrai nom de l'éducation nationale est celui, baptismal, d'instruction publique», écrit Bourgeois (*ibid.*). L'expression même de «sanctuaire» est empruntée à la religion. Plus tard on dira aux élèves: «À la mosquée on se déchausse, à l'école on se dévoile», comme s'il s'agissait de lieux analogues. De son côté, Edgar Morin (1990) dénonce la «catho-laïcité» de tous ceux qui opposent «la trinité providentielle Raison-Science-Progrès» à la trinité chrétienne «Père-Fils-Saint-Esprit».

Les «républicains» ne sont pas en reste. L'école laïque est trahie par des «réformateurs pieux», dont l'*aggiornamento* copie le concile Vatican II: «Les laïques purs et durs n'ont plus à la bouche que des propos de prêtres: [ils parlent] à propos des collèges, d'épanouissement, de lieux de vie, d'ouverture à autrui, au monde» (J.-Cl. Milner, 1984, 39). Ou encore: «Le rêve de l'institution nulle ou, à défaut, transparente, s'annonce par le nom de communauté. [...] C'est le rêve de la première Église, qui est aussi l'Église dépouillée de toute institution» (*ibid.*, 55). Et, au moment le plus chaud du conflit scolaire, Milner écrit encore: «Certaines écoles catholiques, tenues par des gens qui croient à l'Église comme institution, [sont] rebelles au discours pieux» (*ibid.*), et donc «le lieu où les thèmes chrétiens démocrates sont le moins répandus, c'est l'école catholique; le lieu où ils sont le plus puissant, c'est l'école publique» (*ibid.*, 31).

Les trois autres «lieux d'opposition» paraissent être la conséquence directe de cette vision divergente. L'école doit être close si elle doit, avant tout, être protégée contre tout ce qui nuirait à la concentration des élèves dans l'acquisition du pur savoir. L'école doit se montrer ouverte si l'instruction inclut, nécessairement, l'éducation. Autre motif d'opposition: les «républicains» privilégient l'enseignement par disciplines, les «réformateurs» mettent en avant des actions transversales, interdisciplinaires. Enfin, dernier motif de conflit: comment réaliser l'émancipation pour tous, dont l'école est porteuse? Par l'arrachement aux particularités? Par l'accueil des différences? Là encore on raisonne souvent par oppositions.

Une école clone de la télévision ?

En s'abstenant de voter la proposition d'interdire les signes religieux « ostensibles » à l'école, faite par la commission Stasi, l'auteur de cet ouvrage a pris position en tant que citoyen. Est-il pour autant un adepte résolu du second groupe ? Les choses sont loin d'être aussi simples. Plusieurs éléments peuvent être retenus dans la vision dite « républicaine ». Au moment même où la démocratie commençait juste à émerger, Alexis de Tocqueville en avait fait une analyse critique : le « lien commun » qui permet aux hommes de faire société risque de se dissoudre dans « l'individualisme démocratique » (A. Antoine, 2003). Déclarer que « la République se veut la conscience critique de la démocratie » car « elle tente d'inscrire le souci du bien public au cœur des revendications démocratiques » (Ch. Coutel, 1991, 18) est alors une perspective fort intéressante. Si la démocratie, selon ce qu'affirmait Churchill, est « le plus mauvais régime à l'exception de tous les autres », le correctif républicain peut être opportun et la tension entre démocratie et République féconde. Cela à charge de réciprocité : la République doit aussi être questionnée par la démocratie. Pourtant, si l'on peut reprocher à certains « républicains » de trop se laisser entraîner dans une polémique dénonciatrice et de manquer alors de dialectique, c'est loin d'être le cas de tous. En proposant l'enseignement du « fait religieux » à l'école, le « républicain » Régis Debray (2002) a montré que l'on pouvait, dans cette optique, ne pas ignorer l'environnement social mais proposer aux élèves de travailler à le décrypter.

Prendre de la distance avec le social pour pouvoir y agir ensuite de la façon la plus « libre » et « éclairée » possible : voilà un objectif « républicain » qui se situe dans la filiation des pères fondateurs de la laïcité. Il n'est pas sûr – c'est un euphémisme ! – que la plupart des novations pédagogiques, ou en tout cas d'après ce qu'elles donnent parfois sur le terrain, aillent vraiment dans ce sens. Peut-être parce qu'on a poursuivi des objectifs contradictoires. On peut parler de « cercle carré» à propos «de l'objectif de mener tous les élèves aux mêmes résultats tout en respectant leurs rythmes individuels» (M.-Cl. Blais, 2002, 52). De plus, souvent les réformateurs-pédagogues ont surfé sur l'air du temps, ils n'ont pas assez analysé les effets sociaux de leurs discours. Attention à ne pas produire une école «clone» de la télévision. L'ouverture sur l'environnement doit rester une ouverture critique, non pas un conformisme social ou une sorte de suivisme. Il ne faut pas avoir peur de l'écrire: la manière dont certains croient rejoindre le vécu des élèves et rendre l'école plus «attractive» en reproduisant dans l'enceinte scolaire les productions les plus médiocres de la marchandisation culturelle a de quoi faire hurler. Il est des ouvertures pires qu'une clôture, une prison. Face à certains cas concrets de maltraitance intellectuelle d'une école qui se soumet au diktat du médiatiquement correct, on peut comprendre une certaine virulence pamphlétaire.

De nombreux exemples ont été donnés de ce suivisme. L'auteur peut y apporter sa petite pierre. Dans une banlieue proche de Paris, les élèves de 8-9 ans lisent en classe *Pas de pitié pour les poupées B.*, de Thierry Lenain (1997): «À l'école, un mystérieux tueur en série s'attaque sauvagement aux poupées de cinq filles du "clan Barbie". Vengeance?» Première poupée Barbie mise en scène: «Un gros clou lui transperçait le ventre et la maintenait contre le mur. Ses cheveux avaient été trempés dans la peinture rouge. Ils dégoulinaient encore. Ça faisait une flaque sur l'établi.» Seconde poupée Barbie: «L'assassin [...] sectionna les deux jambes au niveau des genoux. Enfin il enfonça les lames dans le corps de la Barbie, plusieurs fois et sauvagement, comme si elle lui avait fait mal et que, vraiment, il fallait qu'elle crève.» Et cela continue ainsi... mais passons.

Après le sadisme, vous prendrez bien un peu de sexe? Qu'à cela ne tienne. Diego, l'élève héros (si l'on peut dire) de l'histoire, observe une mère qui vient chercher sa fille à la sortie de l'école: «Elle avait de longs cheveux blonds, des pantalons qui lui collaient aux fesses, et des pulls qui lui collaient aux seins», tandis que sa propre mère «était un peu moins grande. Un peu plus grosse. Ses seins et ses fesses, c'était pas pareil». Arrêtons là.

Une dernière précision quand même : l'auteur de ce chef-d'œuvre est lui-même un ancien enseignant qui se consacre désormais à la littérature enfantine : « La parole est délicate, nous prévient-il, *in fine*, mais le silence condamne. Et j'écris. » Vraiment ?

De « la bête immonde » au « Munich de l'école républicaine »

Face aux dérives des « pédagogues », à leur impuissance à véritablement réformer l'école, les « républicains » se drapent dans la posture de l'éternel opposant exempt de compromissions. C'est oublier leur pouvoir idéologique. Nul hasard si le président Chirac a repris l'expression d'école « sanctuaire » à propos du projet de loi sur les signes religieux à l'école (17 décembre 2003). Et cette hégémonie a été conquise grâce à une pratique sociale de l'inflation idéologique maximale, en contradiction flagrante avec les principes proclamés. Le rapport Legrand n'a pas été mis en débat, mais en procès. Prétendre, par exemple, que le tutorat n'est rien d'autre que de « la direction de conscience », est-ce cela l'esprit critique ?

Sans peur et sans reproche, Milner se lance en chevalier blanc à l'attaque des « forces ténébreuses » (titre de la seconde partie de son livre), coupables d'installer au pouvoir « le racisme comme principe secret de toute chose » et finalement la « bête immonde » (1984, 152).

Qualifier ainsi ses adversaires de suppôts du nazisme n'a rien d'anodin et on ne doit pas négliger l'effet de croyance produit par cet ouvrage, devenu pour certains un livre culte. Du moins s'agissait-il encore d'un livre et s'attaquait-il à des groupes bien installés dans la société française. Mais cinq ans plus tard, avec le « Munich de l'école républicaine », la redondance dans l'évocation du national-socialisme n'a plus la même signification sociale. D'abord, la diabolisation conjugue cette fois inflation idéologique maximale et inflation médiatique – la une du *Nouvel Observateur* (2/11/1989), avec l'image d'une jeune fille voilée. La force de frappe est beaucoup plus puissante. Ensuite, par-delà Jospin, explicitement visé, la dénonciation atteint beaucoup plus durablement des personnes en proie à des difficultés économiques, culturelles, sociales, ne disposant pas d'une situation acquise. Dans une France qui a toujours la gueule de bois de la décolonisation, de la guerre d'Algérie, la récolte a outrepassé la semence. Elle continue aujourd'hui. Ainsi un ouvrage récent met une équivalence entre le foulard et l'étoile jaune, la marque utilisée par les nazis pour persécuter les juifs (Ch. Djavann, 2003).

Il faut interroger, comme le suggère Sylvie Solère-Queval (1999, 177), la conception «républicaine» de l'universel. On y accéderait en enlevant de l'existence ce qui a trait à sa condition propre. Par cette «soustraction», il resterait la *res publica*, la chose publique, ce qui est commun à tous les humains. Il est postulé un universel préexistant à toutes les particularités concrètes.

L'enfant, le jeune n'aurait donc pas accès à l'universel en dehors de l'école. Tout ce qu'il apprend grâce à sa famille, son milieu social, culturel, religieux, son quartier, les divers adultes, les autres enfants et jeunes qu'il côtoie et observe, tout cela ne serait que particularismes incapables de le faire devenir un «sujet». L'école, «seule institution dévolue à l'universel» (*Le Nouvel Observateur*, 2/11/1989), est l'unique lieu capable de transformer ce non-sujet en sujet. Cela signifie aussi que l'enseignant est le seul personnage social porteur d'universel, capable d'abolir, quand il rentre dans sa classe, tout ce qui le constitue comme être humain vivant dans l'ici et maintenant.

L'universalisme de «l'idéologie française»

Ce discours incantatoire caresse dans le sens du poil une partie du corps professoral dont le métier est devenu particulièrement difficile dans une situation de déstabilisation institutionnelle. Il ne nous semble cependant guère recevable ni au niveau épistémologique ni du point de vue anthropologique. Au premier niveau, il est clair qu'à tenir de semblables propos on ne peut que récuser en bloc les démarches des sciences humaines. Elles dégonfleraient trop la baudruche en montrant que, globalement, les professeurs sont tout autant dépendants que les autres, y compris dans leur pratique professionnelle, de la mentalité dominante d'un temps, d'un milieu social, voire de caractéristiques individuelles. Mais fi de la sociologie, de la psychologie et d'autres disciplines ! Condorcet espérait un progrès infini du savoir. Pour nos «républicains», le savoir s'est arrêté avec Condorcet. Dans leur révélation universelle, il occupe le statut de dernier prophète. On ne se méfie jamais assez des disciples !

Ceux-ci peuvent avoir de surprenants aveux. Si l'on rappelle qu'au-delà des Pyrénées, d'autres monts ou d'autres mers, certains se permettent de penser autrement, la réponse est prête : «L'idéologie française, nous dit Milner, est ce paradoxe : une particularité qui ne se supporte elle-même que revêtue des insignes de l'universel» (1984, 121). Et en note cette précision : «Ceux qui attaquent l'idéologie française en montrant qu'elle est particulière se révèlent du même coup partie prenante de cette idéologie même : elle est la seule à juger à ce degré toute particularité comme une faute» (*ibid.*).

Admirable tour de passe-passe, auquel nous ne nous laisserons pas prendre. Nous pensions être dans la *res publica*, ce qui est commun à tous les humains ; nous nous retrouvons dans «l'idéologie française» et nous en sommes prisonniers. Pas moyen d'en sortir puisque, plus on l'attaque, selon Milner, plus on se situe en son centre ! Mais qui prétend qu'on «l'attaque» ? Toujours une pensée de l'inflation, de l'extrême. Et si, sans l'attaquer, on la relativisait ? On peut l'estimer précieuse et prendre aussi son miel ailleurs. Si «l'idéologie française» est, comme les autres, une particularité, à quel titre serait-elle la seule à pouvoir se revêtir des insignes de l'universel ? Parce qu'elle se supporte seulement ainsi ? Prétention n'est pas raison. Elle pourrait plutôt apparaître… déraisonnable.

L'universel ne se réduit pas à une culture nationale, fût-elle française. Peut-il même être confondu avec une culture savante, y compris internationale ? Sentences et proverbes, issus d'une séculaire « sagesse populaire » non scolaire, ne comportent-ils pas aussi, parfois, de petits trésors d'universel ? Jean-Marie Tjibaou avait-il totalement tort de prétendre trouver une part d'universel dans la particularité de la tradition orale kanak ? (cf. M. Morineau, 1990, 255). D'autre part les valeurs peuvent avoir une visée universelle et un enracinement culturel. Nous retrouverons cet important problème au chapitre XIII.

À partir du moment où il est reconnu possible d'être « particulier » et d'avoir quelques insignes de l'universel, ce privilège n'est pas réservé à une seule culture, à une seule façon de penser, à un seul savoir, le savoir philosophique, qui pourrait, et lui seul, légitimer ou délégitimer, à son gré, les autres savoirs. On peut faire de la philosophie des sciences. On peut également s'adonner à la sociologie de la philosophie. Aucun savoir n'est clos sur lui-même. Aucun savoir n'est « pur savoir ».

À croire être universel à soi tout seul, on reste dans une conviction qu'il n'est pas obligatoire de partager. Du reste, quand la posture philosophique n'adopte que des convictions, elle prend place dans ce qu'on nomme « les doctrines religieuses ou philosophiques ». Elle n'est ni plus ni moins universelle que les universalismes chrétien, musulman, bouddhique. Elle est au bénéfice de la « liberté de religion et de conviction » (Déclaration universelle des droits de l'homme, article 18). Elle ne saurait être socialement imposée dans une société démocratique.

L'universel d'une démocratie laïque (ce que veut être la République française) se construit à partir de la « part d'universel » propre aux différents systèmes de pensée, aux différentes cultures ou civilisations, qu'ils aient ou non une prétention universaliste. À partir aussi de la confrontation et du débat entre eux. Ce n'est pas un universel déjà là, c'est toujours un universel en devenir. Et peut-être la finitude humaine fait-elle qu'il serait plus raisonnable de parler d'horizon d'universalité plutôt que d'universel. Pour Paul Ricœur (2004, 77), « la seule universalité digne d'être évoquée ne peut être visée qu'à titre d'horizon des échanges entre héritages sémantiques formés et transmis par le canal des langues naturelles, soumises elles-mêmes à l'inexorable pluralité humaine ».

Assurément, il est nécessaire d'effectuer une prise de distance, de trouver un rapport critique, voire un arrachement à des particularités (dire « une part d'universel » implique de dire : une part de particulier non universalisable). Mais il s'agit de trier et non de renier : c'est dans la gangue du particulier que l'on peut découvrir quelques pépites d'universel.

Nul n'a dénoncé plus vigoureusement que George Steiner (1999, 79, 106) « la violence et l'avilissement infligé à la langue au sein de la culture de masse et de la démagogie contemporaine » ; nul n'a récusé plus radicalement les « rêves [devenus] des produits manufacturés ». Mais nul aussi n'a posé aussi frontalement la question : pourquoi, lors du nazisme, la « haute culture » n'a-t-elle donné « aucune protection devant l'inhumain ? Pourquoi [peut-on] jouer du Schubert le soir et aller faire son devoir au camp de concentration le matin ? ». « Nous avons, conclut-il, chez Platon, chez Heidegger, chez Sartre, chez d'autres, le phénomène d'une intelligence immense, d'une vision philosophique des plus complexes, et d'un flirt profond avec l'inhumain politique, idéologique, même avec la praxis de l'inhumain » (2000, 36, 83). Il n'existe donc nul universel établi que maîtriserait le maître. On n'est même pas sûr d'être jamais dans la bonne voie, de ne pas confondre clinquant et pépite. La distinction cléricale entre un clerc-maître et un profane-élève relève d'une anthropologie bien particulière. L'école n'est pas le lieu où sont face à face un personnage du côté de l'universel, émancipé de ses particularités, et un autre qui, englué dans les siennes, serait incapable de contribuer lui-même activement à son émancipation. Certes, « on a besoin d'autrui pour accéder à soi-même » (M. Gauchet, 2002, 27). Toutefois, cet autrui apparaît multiple. On le rencontre dans les institutions et hors d'elles. Et avons-nous jamais fini d'accéder à nous-même ? Quelqu'un peut-il dire un jour : « Ça y est, je suis arrivé à moi. Surtout je ne bouge plus » ?

IV

Médecine, école : laïcisation et sécularisation

La controverse entre « républicains » et « réformateurs » est également une joute entre valorisation et critique de l'institution. Quand les seconds reprochent aux premiers de qualifier l'école de « sanctuaire », ils signifient par là qu'ils refusent de la traiter en institution sacralisée. Certains républicains, tel Régis Debray (1990, 2004), au contraire, assument tout à fait cette sacralisation : aucune société ne peut se passer de sacré ; le sacré de la société française se focalise sur l'école. Sans l'indiquer aussi nettement, Milner se situe sur la même longueur d'onde : il se sent davantage d'affinités avec les catholiques qui « croient à l'Église comme institution » qu'avec les « réformateurs pieux » qui opèrent l'*aggiornamento* de l'école, qui la désinstitutionnalisent.

Église et école entretiennent des relations très anciennes. Pendant des siècles, l'école a participé d'un projet ecclésial. Selon Émile Durkheim (rééd., 1990) la création de l'école par l'Église, à partir de Charlemagne, répondait à deux objectifs. D'abord, défendre l'universalisme catholique romain contre le particularisme culturel et religieux des « barbares » ; ensuite, construire une « âme », une disposition morale autonome, créer – grâce à l'Église – un individu face à Dieu. Ne sommes-nous pas déjà en terrain connu ?

Longtemps l'école n'a constitué qu'un embryon d'institution englobé par l'Église catholique. Au contraire des Lumières britanniques, les Lumières françaises ne se sont guère préoccupées de l'école. Leur vision de l'éducation privilégie le préceptorat (J. Proust, 1990, 62 *sq.*). C'est la Révolution qui change la donne. Les révolutionnaires confient à l'école « la mission d'imaginer un système de croyances capable de faire vivre et tenir ensemble [des] individus désormais indépendants, en lui donnant si possible une séduction et une force comparables à celles de la religion, dont on vient de secouer le joug », indique Mona Ozouf (1989, 9). Et elle poursuit : « L'école se confond avec la Révolution elle-même. » La société parfaite dont rêvent les révolutionnaires est une société-école.

Le recentrage napoléonien consiste à ne plus imaginer l'école comme coextensive à la société, sans revenir à l'école dépendante de l'Église catholique. Sous le nom d'« université », l'institution scolaire va rapidement se structurer, avec une dominante de l'enseignement secondaire, instrument de formation des « élites », et une remise des écoles primaires à la charge des communes (faute de moyens, elles constitueront, au cours du XIXe siècle, un terrain privilégié de réinvestissement des congrégations religieuses).

Dans un ouvrage devenu un classique, Antoine Prost (1968, 23 *sq.*) rappelle les trois grandes caractéristiques de la « fondation napoléonienne » : d'abord, la « coexistence d'un enseignement public et d'un enseignement privé » (qui nécessite une autorisation du gouvernement au départ et, subséquemment, le contrôle du préfet) ; ensuite, « la constitution de l'enseignement public en une corporation laïque, l'université » (instaurée par la loi du 10 mai 1806) ; enfin, « l'assujettissement, sous des formes variables et plus ou moins rigoureuses, de l'enseignement privé à l'université » (celle-ci exerce un monopole, en fait une tutelle, sur les établissements particuliers).

Sécularisation et laïcisation

Rappelons le double processus indiqué par Buisson : la distinction des « diverses fonctions de la vie publique » et leur affranchissement « de la tutelle étroite de l'Église ». Il se trouve déjà à l'œuvre au début du XIXe siècle pour l'école. Mais le terme même d'« université » montre que l'enseignement primaire n'occupe pas le devant de la scène. L'État s'intéresse surtout à la formation des « élites ». Au fur et à mesure que l'instruction du « peuple » deviendra elle aussi une nécessité, le mot « école » sera de plus en plus employé. Et Buisson a raison d'affirmer alors que, contrairement au lycée, l'école primaire avait (en grande partie) échappé à cette transformation.

Nous avons perçu, chez lui, une hésitation terminologique. Le mot de « sécularisation », avons-nous relevé, revient assez souvent sous sa plume, là où l'on attendait plutôt « laïcisation ». Depuis le XIXe siècle, « la notion de sécularisation constitue l'une des voies principales proposées par la philosophie, la théologie et la sociologie allemandes pour la compréhension du monde moderne », écrit Jean-Claude Monod (2002, 12), qui poursuit : « La sécularisation résume une interprétation du monde moderne qui dispose à la fois de l'ampleur de sa provenance philosophique essentielle – la pensée de Hegel – et de l'acuité d'une approche "scientifique" et critique en tant que concept validé par la sociologie historique en ses plus hauts représentants – Weber et Troeltsch –, soit les deux plus grands noms de la sociologie allemande de la religion. »

Quand nous avons commencé à travailler sur la sociologie historique de la laïcité, champ d'étude alors très neuf, nous disposions de travaux sociologiques théorisant la notion de sécularisation, à partir notamment de Max Weber. Dans les années 1950-1970, des sociologues comme Peter Berger (1971), David Martin (1978), Bryan Wilson (1976, 1982), sans avoir lu Ferdinand Buisson naturellement, mettaient en avant, comme une des caractéristiques majeures de la sécularisation, la différenciation institutionnelle et l'autonomisation des institutions séculières par rapport à la religion.

Beaucoup de débats entre sociologues ont concerné la sécularisation. À les étudier, on constate un paradoxe : la notion est considérée comme trop vaste, un peu fourre-tout. Ne vaudrait-il pas mieux, alors, l'abandonner ? Mais non, on y revient toujours. Elle s'avère indispensable pour comprendre la relation qu'entretiennent la modernité et la religion.

Pourtant, comment alors clarifier ce concept ? Karel Dobbelaere (1981) a distingué trois dimensions, allant du macro- au micro-sociologique. La première est le processus de différenciation structurelle et fonctionnelle des institutions ; la seconde concerne la tendance des univers religieux à se mondaniser, à se centrer sur « l'ici-bas » ; la dernière décrit l'implication des comportements individuels dans les domaines religieux. Dobbelaere ne nomme pas les deux derniers niveaux, mais il qualifie le premier de « laïcisation ».

La laïcisation serait donc la dimension institutionnelle de la sécularisation. On rejoint ici Buisson. À partir de cette rencontre implicite, et puisque tout un chacun se plaint régulièrement de l'extension trop vaste donnée à la notion de sécularisation, pourquoi ne pas faire fonctionner deux concepts distincts ? Dans cette optique, la sécularisation implique une relative et progressive (avec des zigzags) perte de pertinence sociale (et, en conséquence, individuelle) des univers religieux par rapport à la culture commune. Elle devient ainsi une notion un peu plus circonscrite. La laïcisation, en revanche, concerne avant tout la place et le rôle social de la religion dans le champ institutionnel, la diversification et les mutations sociales de ce champ, en relation avec l'État et la société civile. Ce point de vue rejoint celui de Micheline Milot (2002, 32), quand elle indique que « la laïcisation se déroule rarement sans engendrer des rapports de force et susciter des débats politiques, puisqu'elle modifie le fonctionnement des institutions, tant religieuses que politiques. En outre, la laïcité n'atteint pas de manière uniforme toutes les institutions et toutes les facettes de la régulation politique. Par exemple il peut y avoir une laïcisation du droit sans laïcisation de l'éducation ».

Des seuils de laïcisation

La distinction entre sécularisation et laïcisation constitue la première prise de distance avec les théories classiques de la sociologie de la religion. Mais, pour passer de la sociologie de la religion à une sociologie historique de la laïcité, deux autres prises de distance s'avèrent nécessaires.

Les sociologues de la religion focalisent tout naturellement leurs regards sur l'institution religieuse. Ils se préoccupent beaucoup moins des autres institutions, les institutions séculières. Elles semblent en effet sortir de leur champ d'étude. Par ailleurs, étant sociologues, le processus socio-historique auquel ils se réfèrent (comme à une toile de fond) leur importe moins que le résultat actuel de ce processus. Sauf exception, ils étudient principalement ce que devient la religion dans une société sécularisée.

Une sociologie historique de la laïcité doit adopter une autre démarche. Elle ne peut limiter son intérêt à la religion, mais doit aussi se préoccuper des institutions qui lui étaient subordonnées et ont pris leur autonomie seulement avec la modernité. L'armée a été très tôt séparée de la religion (même si cette dernière donnait une légitimation sacrée à la guerre). Ce constat de Buisson n'a rien d'étonnant : l'armée gère de la violence physique, matérielle. En revanche, l'école comme la médecine induisent une certaine perception de la vie en société. Ce sont des institutions de socialisation. Leur proximité avec la religion est plus forte. Même si elle limite son champ de vision afin de pouvoir l'approfondir, une sociologie historique de la laïcité prend forcément en compte plusieurs institutions, et notamment les institutions de socialisation.

À cette prise de distance nécessaire s'en ajoute une autre : comme démarche de sociologie historique, l'étude historique de la laïcité s'intéresse forcément aux mutations des différentes institutions, à la façon dont elles interagissent les unes avec les autres, en lien avec les mutations de l'État-nation et de la société civile. Les outils théoriques utilisés ne peuvent pas être seulement sociologiques (telles les notions de « sécularisation » et de « laïcisation »). Ils doivent également distinguer des « périodes types » où les logiques dominantes à l'œuvre dans le champ institutionnel sont structurellement différentes. Nous voulons dire par là qu'il s'est globalement produit une mutation dans les relations et les interactions entre institutions ;

ainsi les rapports entre école et religion ont structurellement changé avant et après les années 1880. D'où la proposition de classer ces périodes en seuils distincts de laïcisation.

Le premier seuil se construit globalement de 1789 à 1806. Comme Buisson, nous estimons que la Déclaration des droits de l'homme et du citoyen constitue une rupture décisive, un point de départ pour la représentation d'un « État laïque » et pour certaines « mesures décisives », comme « l'exercice de tous les droits civils, désormais assurés en dehors de toute condition religieuse ». Malgré les « réactions », les « oscillations », les « hésitations politiques », il n'y aura jamais de véritable retour en arrière. Mais, au risque de heurter la légende dorée républicaine, il faut reconnaître, avec toute l'historiographie de ces dernières décennies, que l'ordre des choses nouveau est au moins autant issu du recentrage de Napoléon Bonaparte que de l'élan donné par la Révolution, un temps d'impossible laïcité lié à la Terreur politico-religieuse. Le pluralisme des « cultes reconnus » (1802), le Code civil des Français (1804), la création de l'Université (1806) font partie de la construction de ce premier seuil, de même que la loi de 1803 sur l'exercice illégal de la médecine, qui est au fondement de la construction institutionnelle des activités médicales.

La période qui va du premier au deuxième seuil est, globalement, celle d'un chassé-croisé institutionnel entre une institution religieuse en perte de domination ou d'influence sociale et des institutions séculières, comme l'école ou la médecine, qui se structurent et montent en puissance.

La médecine dans le processus de laïcisation-sécularisation

Nous avons déjà parlé de l'école. Abordons maintenant la médecine. Sous l'Ancien Régime, la mort constituait, surtout pour la masse du peuple, le moment décisif du passage dans « l'au-delà » où il fallait que chacun assure son statut éternel. Un médecin qui n'avertissait pas son malade que « l'heure de la mort» approchait et l'empêchait de s'y préparer, de recevoir les «derniers sacrements», pouvait être condamné à l'amende. En effet, ce rite (confession, communion, extrême-onction) pouvait éviter au futur mort la damnation éternelle. Des siècles durant, la peur de l'enfer et l'espoir du salut constituèrent des éléments essentiels du rapport à la mort. La mort soudaine, sans repentir et absolution, semblait plus redoutée que l'absence de guérison, même si le regret de la vie était aussi présent.

Quelle que soit sa conviction religieuse personnelle, le médecin du XIXe siècle est porteur d'un double changement de mentalité, lié aux idéaux de la modernité. D'abord, il diffuse peu à peu l'idée que la guérison est une affaire humaine, qui s'obtient par des moyens rationnels, par une pratique codifiée par des savoirs et des techniques. L'action de Dieu et du surnaturel se trouve socialement mise entre parenthèses (mais cela prendra du temps). Ensuite, dans cette nouvelle perspective, la mort apparaît progressivement comme la fin de la vie plutôt que comme le passage dans «l'au-delà». L'objectif de la guérison supplante peu à peu celui de la «bonne mort». On passe tendanciellement (les travaux de Philippe Ariès l'ont montré) d'une mort où le mourant et le prêtre constituaient les maîtres de cérémonie à une mort où, certes, le prêtre est en général toujours là, mais où l'entourage familial et le médecin prennent de l'importance. Ils tentent d'éviter au mourant les «angoisses de l'agonie» et de lui dissimuler la gravité de son état. Cette orientation vers la guérison entraîne l'augmentation des personnes mortes sans avoir reçu les «derniers sacrements». Cette évolution est nette à propos de l'anesthésie. L'anesthésie est pratiquée avec comme but d'être plus efficace dans l'art de guérir. Mais à ses débuts, au milieu du XIXe siècle, les accidents ne sont pas rares et ils entraînent une mort involontairement provoquée et, bien sûr, non annoncée (cf. les débats rapportés par R. Rey, 1993, 192 *sq.*).

Telle une médaille, cette mutation comporte une double face. Elle est socioculturelle et, à ce titre, relève de la sécularisation. Mais elle va de pair avec une diminution de l'importance sociale de l'institution religieuse et un développement corollaire de la médecine comme grande institution sociale. Ce basculement institutionnel relève de la laïcisation. Il met en jeu l'appareil de l'État et le politique.

Au Royaume-Uni, pourtant en avance sur la France pour les novations médicales, l'exercice illégal de la médecine date de 1858. La conception de « l'au-delà » n'implique pas le même rapport à l'Église. Par ailleurs, il existe des médiations : certains médecins, comme le premier praticien de péridurales, sont fils de pasteurs et donnent une légitimation religieuse à leur nouvelle pratique. On sait que la reine Victoria, chef temporel de l'Église d'Angleterre, accouche selon la méthode d'accouchement sans douleur en 1853. La sécularisation s'effectue sans conflit majeur, même si les tensions ne sont pas absentes (J. Baubérot - S. Mathieu, 2002, 116 *sq.*). Le processus de sécularisation englobe le processus de laïcisation et le limite fortement : l'Église d'Angleterre devra renoncer à beaucoup de ses privilèges, mais restera une Église établie – et l'est toujours aujourd'hui.

En France, quand la loi sur l'exercice illégal de la médecine est promulguée (1803), le décollage scientifique et technique de la médecine (et sa vulgarisation auprès des médecins) ne s'est pas encore produit, loin s'en faut. L'espoir de la guérison fait appel, souvent, à des moyens religieux : prière envers les saints guérisseurs et la Vierge (« Notre-Dame-de-Tout-Remède »), recours à l'eau de source miraculeuse, pèlerinages thérapeutiques.

Pourquoi la France a-t-elle instauré le monopole médical sur l'art de guérir à une époque où les médecins ne guérissaient pas plus que ceux que l'on appelait les empiriques (soigneurs de bêtes, rebouteux, charlatans, prêtres et bonnes sœurs...) ? Il n'existait pas alors de justification rationnelle à ce monopole. Pourquoi l'État, sous la monarchie de Juillet par exemple, a-t-il soutenu les médecins hués par le public lors des procès qui ont eu lieu pour faire respecter ce monopole ? Parce que, nous apprend Claude Nicolet (1982, 310 *sq.*), à partir de la Révolution française la médecine devient « une part considérable de la morale civique ». Dans le « principe, poursuit l'historien, rien ne sépare apparemment le recours à l'hygiène et la médecine dans la plupart des pays occidentaux au cours du XIXe siècle. [...] Mais nulle part ailleurs qu'en France il ne deviendra aussi nettement une obligation morale liée à la nature d'un régime politique précis». Nicolet veut parler, bien sûr, du régime républicain, mais, dans une certaine mesure, cela vaut pour tous les régimes qui se réclament de 1789.

La France a donc vécu, de façon accentuée, une tendance générale, car «sa» Révolution a engendré une forte légitimité symbolique du non-religieux, presque une sacralisation de certains de ses aspects. En France, le processus de sécularisation s'est trouvé englobé, circonscrit, orienté et limité (au sens, on va le voir, d'un réinvestissement du religieux dans le séculier) par le processus de laïcisation. Aux fils de pasteurs britanniques devenus médecins, on peut opposer les médecins français devenus hommes politiques, dont l'œuvre politique et scientifique est centrée sur la conjonction des deux plans : ainsi de Raspail, mais aussi de Clemenceau (Cl. Nicolet, *ibid.*) et Paul Bert. Plus généralement, les médecins furent nombreux et influents dans le camp anticlérical. Émile Combes en est la figure emblématique.

La laïcisation s'opère en fait, conjointement, par un reflux social de la religion et un transfert du religieux (ce que Michel Foucault montre bien dans *Naissance de la clinique*, 1963). À un niveau politique, Claude Nicolet (1988, 50) nous décrit un «sacré républicain» («Dans l'idéologie républicaine française, il y a une prise de position sur les finalités, sur les valeurs qui rejoint inévitablement le domaine religieux»). On peut également parler de «sacré médical». Certes, partout où la société entre en modernité, la médecine ne s'impose pas socialement sans charrier avec elle idéaux et espérances. Significativement d'ailleurs, on utilise l'expression d'«espérance de vie» et l'on s'émerveille de sa prolongation, grâce à la médecine. Mais, la caractéristique française consiste à avoir non seulement nettement accentué cet aspect jusqu'à lui donner une dimension moralo-religieuse, mais de l'avoir durablement politisé en légitimant ainsi l'action laïcisatrice.

Deuxième seuil de laïcisation et enchantement séculier

Un processus analogue a concerné l'école. Il est plus connu. La sécularisation de la morale enseignée par l'école est un phénomène commun aux pays modernes. Aux Pays-Bas, au Royaume-Uni, aux États-Unis d'Amérique cela a abouti, dès le XIXe siècle, à une morale chrétienne commune déconfessionnalisée. La création d'une morale laïque, au nom de l'État républicain, est spécifique à la France. Plus qu'ailleurs, l'école elle-même a été considérée comme une institution morale. « Ouvrez une école, vous fermez une prison », déclarait Victor Hugo. Le *Dictionnaire de pédagogie* tente de démontrer la véracité d'un tel adage. Selon son biographe canadien, George Chase (1983, 263 *sq.*), l'ensemble de l'action de Buisson paraît relever d'une croyance au « salut par l'éducation nationale ». Nous lui donnons partiellement raison, même s'il y a aussi, chez Buisson, l'idée de l'autonomie personnelle face à l'institution.

En 1893, Zola met en scène un médecin, le docteur Pascal, qui affirme : « Je crois que l'avenir de l'humanité est dans le progrès de la raison par la science. Je crois que la poursuite de la vérité par la science est l'idéal divin que l'homme doit se proposer. [...] Je crois que la somme de ces vérités, augmentées toujours, finira par donner à l'homme un pouvoir incalculable. » Des croyances typiques de la modernité se sont investies dans les grandes institutions séculières. « Le progrès » corrélait divers types de progrès : progrès de la raison et de la science, permettant de faire reculer « fanatisme », « préjugés » et « superstitions » ; progrès technique amenant la progression du bien-être et la satisfaction progressive des besoins de tous ; progrès moral par l'éducation ; progrès social par la sélection par le mérite et une amélioration des conditions de travail et de vie, conditions elles-mêmes dépendantes du progrès économique ; progrès politique enfin, permettant la réalisation graduelle des idéaux de liberté, d'égalité et de justice fraternelle.

En dialectique avec un processus de désenchantement religieux plus conflictuel que dans d'autres pays, la laïcisation englobante et la sécularisation englobée ont maximalisé, en France, dans l'attestation des « valeurs de la République », des éléments d'enchantement séculier. La sécularisation a été en partie retournée, telle une crêpe, par le politique. Des attentes sociales de sens, de normes, d'espérances ont eu, plus qu'ailleurs, tendance à se trouver transférées sur des institutions comme la médecine et l'école.

Cette tendance atteint son paroxysme lors de la construction du deuxième seuil de laïcisation, qui va des années 1880 (obligation de l'instruction, laïcisation de l'enseignement public, autres lois laïques « républicaines ») aux lois de séparation des Églises et de l'État (loi du 9 décembre 1905, bien sûr, mais aussi du 2 janvier 1907, moins connue et pourtant fort importante). Cette construction inclut, pour la médecine, la loi de 1892, qui renforce le monopole médical sur la guérison, celle de 1893 sur l'assistance médicale gratuite (début d'un devoir de l'État quant à la médecine) et la loi de 1902 sur la vaccination antivariolique obligatoire (début d'obligation médicale pour l'individu). À la fin du XIXe siècle, l'enterrement de médecins célèbres devient une occasion de ferveur populaire, une sorte de rituel de reconnaissance à l'union de la science et de la morale (J. Léonard, 1981, 298 *sq.*). Significativement, en 1905, on envisage un moment de faire servir le « budget des cultes », supprimé par la loi de séparation, au paiement de l'assistance médicale gratuite.

La fin du chassé-croisé institutionnel

En 1905, le chassé-croisé institutionnel semble terminé. Sous l'Ancien Régime, l'État avait des devoirs envers la religion (légitime) : quand le roi était sacré à Reims, il promettait de combattre « l'hérésie ». Cet engagement entraînait des obligations religieuses pour les individus : jusqu'en 1787, il était impossible de ne pas se marier devant un prêtre de l'Église catholique. Les protestants, pourchassés jusqu'au milieu du

XVIIIe siècle, étaient à peine tolérés. Discriminés, les juifs se trouvaient considérés comme des semi-étrangers. La Révolution abolit en 1791 les crimes et délits contre la religion et instaure le mariage civil en 1792. Mais un an plus tard, avec la Terreur, « la première égalité réelle des cultes [s'avère] une égalité dans la répression » (R. Hermon-Belot, 1999, 66). Une répression qui reprit de plus belle deux ans après la promulgation de la séparation de l'Église et de l'État de 1795. Ce n'est qu'en 1802, avec l'instauration d'un système pluraliste de cultes reconnus, que les contraintes légales en matière de religion disparaissent de façon stable (avec quelques accrocs temporaires ensuite).

Devenue plurielle et devant accepter l'existence d'« indifférents en matière de religion », la religion demeure une grande institution sociale qui assure des « secours » spirituels et socialise à une morale commune. À ce titre, l'État assure aux Français, en finançant les « cultes reconnus », un service public religieux, même s'il n'est plus obligatoire d'y avoir recours. La loi de 1905 supprime ce service. Désormais, il reviendra à ceux qui souhaitent bénéficier des « secours de la religion » d'assurer financièrement sa pérennité.

Résumons : avant 1789, il existe à la fois un devoir de l'État et des obligations de l'individu en matière de religion. Entre 1802 et 1905, le devoir d'État subsiste, mais il n'y a plus l'obligation individuelle. Après 1905, l'État n'a plus d'autre devoir qu'assurer l'exercice de la liberté de conscience et de culte. Principale institution de socialisation sous l'Ancien Régime, la religion se trouve, au XXe siècle, socialement désinstitutionnalisée.

Pendant cette période clef (1802-1905), un mouvement inverse s'est produit en ce qui concerne école et médecine. Aucun devoir d'État, aucune obligation individuelle en 1789. L'État (et la puissance publique) s'est créé progressivement des devoirs envers l'école : création de l'Université en 1806, lois Guizot (1833) et Falloux (1850) et, plus largement, politique d'extension de la gratuité scolaire (qui devient totale en 1881) : les parents ont de plus en plus la possibilité de scolariser leurs enfants, sans que cela représente une obligation. Cette obligation est instaurée en 1882, bien qu'elle apparaisse à certains (pas seulement des conservateurs, aussi des socialistes) comme une atteinte à la « liberté du père de famille ». De même l'État se crée, au cours du siècle, des devoirs envers la médecine (devoirs juridiques à partir de 1803, financiers à partir de 1893) sans imposer aucune obligation médicale. En 1902, en revanche, la loi du 15 février sur la vaccination antivariolique marque le début des obligations médicales. Elles se multiplient au XXe siècle. École et médecine sont devenues des institutions. Il s'agit d'institutions qui socialisent à des perceptions symboliques et culturelles indépendantes du religieux et engendrent de nouveaux clercs, aptes à encadrer la population et à donner sens à des conduites sociales (en leur donnant des objectifs : l'instruction, la santé).

Du deuxième au troisième seuil

Quelle est l'efficacité objective des institutions de socialisation ? Le « hors de l'Église point de salut » ne fait plus recette, mais cette situation se trouve sans doute liée à la désinstitutionnalisation sociale de la religion. Certaines analyses affirment aujourd'hui que l'impact réel de la médecine sur la santé publique date en réalité seulement du milieu du XXe siècle (Ph. Meyer, 2000, 252 *sq.*). Nous ne sommes en mesure ni de le confirmer ni de l'infirmer. Cette date tardive nous étonne cependant. Spontanément nous aurions dit : plutôt vers la fin du XIXe siècle, avec l'application des découvertes de Pasteur. Mais peut-être ce propos est-il surtout le résultat d'un effet de croyance. D'ailleurs, ce sont les impressions, les croyances qui nous intéressent au premier chef. Et là, dès le tournant du XIXe et du XXe siècle, les succès de la médecine impressionnent. Elle met en œuvre des techniques (antisepsie, asepsie, rayons X...) qui semblent d'une efficacité sans commune mesure avec celles qui avaient cours un siècle avant (en 1803).

Mais la réussite même de la médecine entraîne une profonde mutation ; elle se banalise et se trouve de plus en plus encadrée par l'État. Le médecin était considéré comme un savant et un homme moral, se dévouant aux autres. L'assistance médicale gratuite, obligeant les pouvoirs publics à payer les soins nécessaires pour soigner « tout Français privé de ressources », change la donne. Le médecin, désormais, « fait par devoir [professionnel] ce qu'il faisait auparavant par grandeur d'âme » (P. Darmon, 2003, 126). L'émergence d'un syndicalisme médical, l'essor du mutualisme, le développement du nombre de médecins salariés, participent de la perte du prestige moral de la médecine, devenue une institution technicienne.

Le pouvoir d'intervention du médecin sur le corps et la conduite d'autrui inquiète certains. Romans, pièces de théâtre en portent témoignage. Dès 1923, Jules Romain écrit *Knock ou le Triomphe de la médecine*, que Louis Jouvet interprétera au cinéma après la Seconde Guerre mondiale. Pour le docteur Knock, « tout bien portant est un malade qui s'ignore ». Il s'agit certes d'une satire. Mais quelque chose de cette idéologie médicale totale se manifeste, au milieu du XXe siècle, dans la définition de l'Organisation mondiale de la santé (OMS), considérant la santé « non seulement comme l'absence de maladie mais comme un état de complet bien-être physique et moral ». D'état empirique, la santé devient un horizon, un au-delà symbolique : qui, en effet, peut prétendre être en état de « complet bien-être physique et moral » ? Tout « bien portant » est désormais sérieusement considéré comme un inconscient, ignorant qu'il ne se trouve pas en bonne santé. Cette conception de la santé paraît crédible à beaucoup. La création de la Sécurité sociale en témoigne : elle permet d'incontestables « progrès » dans l'égalité de l'accès aux soins. Elle est mue par l'utopie d'une future médecine gratuite pour tous, devenant également peu à peu une médecine préventive qui intervient de plus en plus dans les différents aspects de la vie et de la société.

Désir et peur, espérance et crainte : la collaboration de certains médecins aux expérimentations eugénistes du nazisme trouble. Au-delà du dévoiement d'êtres humains gangrenés par une idéologie totalitaire, elle montre que la médecine peut ne pas seulement avoir affaire à la maladie et à la santé, mais possède un pouvoir sur la vie elle-même, sur ce qu'est l'être humain. On cherche à se rassurer : il s'agit seulement de « dérives », la relation médecin-malade « normale » reste « une conscience et une confiance ». Cependant, en Mai 1968 cette confiance dans des institutions trop sûres d'elles-mêmes – médecine, école... – sera socialement contestée. Elle apparaît comme une entrave à l'autonomie de l'être humain. La critique des grandes institutions séculières, notamment de la médecine, n'avait jamais cessé, mais se trouvait socialement marginalisée. Désormais, elle apparaît au grand jour. Des femmes réclament le droit de se libérer du « pouvoir médical » : le conseil de l'Ordre des médecins n'est-il pas hostile à la libéralisation de l'avortement ?

Ivan Illich se fait le théoricien de cette critique politique des institutions. Après avoir proposé *Une société sans école* (1971), il dénonce « l'expropriation de la santé » par la *Némésis médicale* (1975). Selon Illich, le système médical moderne fonctionne comme une domination religieuse et s'exerce par le moyen de rites médicaux obligatoires et de mythes culturellement imposés. Sous prétexte de nous soigner, la médecine nous impose un univers symbolique où nous ne pouvons être que des malades virtuels. De plus en plus, le sens de la vie, la douleur, la mort, la sexualité sont envisagés à partir de critères médicaux. Il faut en revenir à une définition profane de la santé, « propriété naturelle dont chaque homme est présumé être doté tant que la preuve n'a pas été faite qu'il est malade » (1975, 80). Le premier déterminant de la santé est l'environnement général et le mode de vie ; le deuxième est constitué par les activités sanitaires non médicales (du traitement des eaux à l'hygiène quotidienne). L'acte médical professionnel ne vient qu'en troisième position, et l'efficacité médicale comporte une part de « mythologie ». Illich prône la séparation de la médecine et de l'État, donnant un statut égal à la médecine officielle et aux médecines alternatives. Cela favorisera la démédicalisation de la société, de même que la reconnaissance par l'État de doctrines religieuses concurrentes a contribué à une laïcisation de la vie sociale.

Illich fut qualifié de « prophète » par ses partisans et par ses adversaires (J. Baubérot, 1976, 292). Certains répliquèrent en affirmant que le « progrès médical » constitue la « plus belle conquête de la civilisation occidentale, celle obtenue par la science et par elle seule sur l'inégalité devant la souffrance et la mort » (Dr Escofier-Lambiotte, *Le Monde*, 4/6/1975). Mais il est intéressant de constater que, si les journaux parisiens nationaux donnèrent la parole à un establishment médical bien sûr fort critique, plusieurs quotidiens de province publièrent des résumés consistants et assez favorables aux thèses illichiennes (J. Baubérot, 1976, 308). Enfin, selon Igor Barrère, auteur d'émissions médicales télévisuelles, « Illich donne l'assaut au moment où les médecins sont atteints, comme le furent les prêtres, d'une crise d'identité » (*Le Point*, 16/6/1975).

Une sécularisation désenchantée

Les symptômes d'une crise d'identité des médecins se manifestent donc très tôt. Ils ne tardent pas à être suivis par les signes d'une crise encore plus profonde chez les enseignants, nombreux sur les barricades de Mai 1968 à contester l'institution. Certains se disent effarés par les résultats des « disciplines d'éveil » qui ont, officiellement, remplacé la morale laïque, déjà en perdition depuis plus d'une décennie. « Un jour, un enfant suggère à la maîtresse de mettre le poisson rouge dans le Perrier : rien de grave, les enfants sont farceurs. La maîtresse accepte, cela devient plus inquiétant. Un manuel destiné aux instituteurs exhibe cette singerie comme un modèle de pédagogie, cela devrait faire scandale ! Et pourtant cette imposture pédagogique est typique de l'enseignement souvent dispensé à l'école aujourd'hui », accusent deux professeurs au début des années 1980 (J.-P. Despin, M.-C. Bartholy, 1983). Durant la même année 1983, la création du Comité national d'éthique des sciences de la vie et de la santé rend manifeste que, par sa réussite même, la médecine pose de nouveaux et redoutables problèmes moraux.

En 1989, la chute du mur de Berlin symbolise la fin de l'antagonisme entre l'Ouest et l'Est, entre les partisans d'un libéralisme réalisant progressivement les idéaux de la modernité et les partisans du communisme affirmant que ces idéaux nécessitent un bouleversement des structures économiques et sociales. La France a évité tout « maccarthysme » face au communisme stalinien. Mais elle ressent plus vivement que d'autres pays les critiques du mode de vie occidental, déstabilisé par la fin des Trente Glorieuses (1945-1975). Éclate alors la première affaire de foulard, indice que nous sommes entrés dans une nouvelle période.

De 1968 à 1989, la sécularisation s'est désenchantée. De Mai 1968 et d'Ivan Illich reste la critique des institutions alors que l'utopie qui motivait la contestation a disparu. Cette sécularisation routinisée touche particulièrement la France, vu le rôle politique de légitimation de la laïcisation joué par les enchantements séculiers. Débats sans fin sur l'école et interrogations nouvelles sur la médecine prennent sens dans ce contexte. L'augmentation de l'espérance de vie devient moins importante que le « droit de mourir dans la dignité ». De même le problème est désormais moins l'acquisition de diplômes que leur utilité sociale, dans un pays où une partie importante de la population en possède, où l'on trouve pléthore de candidats à bac + 5 lors de concours administratifs qui sont pourtant normalement réservés à des bacheliers. Ce déplacement des problèmes, indice d'une crise de la réussite, engendre un processus de désinstitutionnalisation des institutions séculières (que constate également Fr. Dubet, 2002, à partir d'une autre perspective).

Le troisième seuil : une nouvelle conception des droits

Pourquoi cette désinstitutionnalisation ? Dans sa période hégémonique, une institution fonctionne avec une inégalité structurelle entre les cadres de ladite institution (médecins, enseignants...) et les individus visés (pris en charge) par l'institution (élèves, malades...). Quand le règlement intérieur des lycées interdisait aux jeunes filles de venir en classe en pantalon, quand les instituteurs frappaient la main gauche des gauchers pour les obliger à écrire avec la droite, personne ne raisonnait alors en termes d'atteinte aux libertés ou de maltraitance (D. Pignon, 1987). De même les visites médicales obligatoires (médecine scolaire, médecine du travail...) imposaient des radiographies dont on dit maintenant qu'elles étaient nuisibles à la santé.

Ce qui allait donner Mai 1968 a commencé par le refus des étudiants habitant en cité universitaire de ne pas pouvoir aller dans les chambres des personnes de l'autre sexe. Ce qu'imposait une institution à ses institués n'avait plus de sens pour eux. De même, les revendications d'un « consentement libre et éclairé » du malade se sont développées. Les « droits des élèves », des « parents d'élèves » et les « droits des malades » ont d'abord été des demandes sociales avant d'être inscrits dans la loi Jospin du 10 juillet 1989 et la loi Kouchner du 4 mars 2002. Se préoccuper des droits de l'être humain quand ils sont sous la responsabilité d'une institution participe d'un élargissement de la représentation des « droits de l'homme » qui s'effectue à un niveau international.

Les institutions séculières cessent d'apparaître morales par elles-mêmes. Maintenant, l'interrogation morale s'applique aussi à elles. Même si le terme n'est pas utilisé, il se développe un nouvel anticléricalisme à l'égard, cette fois, des institutions séculières et de leurs clercs. Comme l'anticléricalisme traditionnel, il présente deux faces : d'abord, une maximalisation des exigences face à l'institution (aspect dominant de l'anticléricalisme de la première moitié du XIXe siècle) ; ensuite, une volonté d'autonomisation et de critique à l'égard de l'institution (anticléricalisme de la seconde moitié du XIXe siècle).

Par ailleurs, à partir des années 1960-1970, le rapport entre production et consommation s'est anthropologiquement inversé. De multiples conduites consuméristes se sont développées, dont le consumérisme médical (on fait appel à la médecine classique et aux médecines alternatives) et le consumérisme scolaire (si l'école privée sous contrat regroupe 16 % des élèves, près de 40 % d'entre eux y ont recours à un moment ou l'autre de leur scolarité). Cela signifierait-il que l'individu contemporain est plus « égoïste » que celui d'il y a cent ans ? Non. Nous assistons, en revanche, à l'inversion du discours social dominant. Au tournant du XIXe et du XXe siècle, la morale laïque tendait à imposer aux individus des « devoirs envers la société » et des « devoirs envers autrui ». Les « devoirs envers soi-même » prenaient sens face aux exigences sociales et relationnelles. À partir de là, l'individu démocratique s'est socialement construit, en France. Maintenant « l'accomplissement de soi [...] la réalisation personnelle est présentée comme une performance obligatoire dans tous les domaines », ce qui est l'indice et le résultat de « l'effondrement de l'utopie d'un monde accompli à l'horizon de l'histoire » (D. Hervieu-Léger, 2001, 117, 96). Autrement dit, pour reprendre la formulation ancienne, les « devoirs envers soi-même » s'imposent socialement comme les premiers des devoirs, des devoirs exprimés en finalité directe et dans un rapport au social et à autrui de séduction et de compétition exacerbée. Il n'est pas étonnant que les institutions soient instrumentalisées : l'individu autonome se voit en effet imposer une contrainte « éreintante » : la responsabilité d'être soi (A. Ehrenberg, 1998).

V

État républicain et droits de l'homme : une relation ambiguë

Quelle est la véritable spécificité française : la laïcité ou la République ? La question peut paraître provocante, voire incongrue. Certains disent que le terme français de laïcité est difficilement traduisible, alors que, des républiques, il en existe beaucoup de par le monde.

Comparons avec l'Italie. Depuis 1989, la laïcité est considérée par la Cour constitutionnelle italienne comme un « principe suprême » de la Constitution, supérieur à d'autres. D'autre part, l'Italie est indéniablement une république. Pourtant, en Italie, contrairement à la France, on n'établira pas une sorte de lien consubstantiel entre laïcité et république. Quand on parlera de « laïcité républicaine » en France, l'adjectif apportera une plus-value sacralisante au substantif. Mais n'en est-il pas de même pour d'autres substantifs ? Défendre « l'ordre républicain » n'a pas la même signification que défendre « l'ordre ». Et il existe une différence indéniable d'affect entre « l'État » et « l'État républicain ».

Nous avons questionné, au hasard, une douzaine de Français, de classe moyenne, d'âges divers. Nous leur avons demandé : quel est, à votre avis, le fondement principal de la légitimité de « l'État républicain » ? Réponse presque unanime : « la Déclaration des droits de l'homme et du citoyen de 1789 ». Or si l'on y réfléchit, il s'agit là d'un paradoxe, car les auteurs de la Déclaration – les membres de l'Assemblée constituante – ne se situaient nullement dans l'optique d'une fondation de la République. En rédigeant une Déclaration des droits, en préambule à une Constitution, ils voulaient remplacer la monarchie absolue par une monarchie constitutionnelle.

Qu'importe, rétorque-t-on, puisque cette tentative est un échec. Le 21 septembre 1792 la République est proclamée. Certes, mais par la Convention, et cette nouvelle assemblée rédige une nouvelle Constitution et une nouvelle Déclaration des droits. L'avènement de la République – bientôt l'an I de la liberté – rend caduques la Déclaration de 1789 et la Constitution de 1791. La Déclaration se terminait par l'affirmation du «droit inviolable et sacré» de la propriété. Une telle formulation ne convenait pas à Robespierre. Sans désirer la «chimère de l'égalité des biens», ce dernier souhaitait limiter le droit de propriété par l'obligation explicite de «respecter les droits d'autrui». Il voulait aussi introduire des considérations internationales dans la nouvelle Déclaration. Les Girondins, en revanche, proposaient des modifications de moindre importance. Mais, pour tous, l'avènement de la République inaugure un temps nouveau, et la Déclaration de 1789 ne saurait être maintenue.

Les Déclarations des droits républicaines, de 1793 à 1848

En juin 1793, la Déclaration des droits de l'homme et du citoyen de l'an I est proclamée. Ce texte maintient la propriété parmi les «droits naturels et imprescriptibles», tout en propulsant l'égalité en tête des droits. Il étend la conception de la liberté par la suppression de l'esclavage. Il établit des droits nouveaux: droit à l'assistance, droit à l'instruction, droit à l'insurrection (quand la souveraineté du peuple est violée), droit à la résistance à l'oppression. La Constitution ne retient pas les idées de Condorcet (auteur du premier projet), qui tendaient au fédéralisme et donnaient une importance primordiale aux assemblées primaires, destinées à «devenir les centres de la vie politique, dans les villes et dans les campagnes» (J. Godechot, 1979, 71). Entre-temps, les Montagnards étaient devenus maîtres de l'Assemblée. Qu'importe: excepté – et ce n'est pas rien! – le fait que le suffrage dit «universel» soit en fait masculin, cette Constitution s'avère fort démocratique. Sur bien des points, elle est la plus démocratique que la France ait jamais connue… elle ne fut jamais appliquée.

Après Thermidor et la chute de Robespierre, allait-on retourner à la Déclaration de 1789 ? Que nenni. Une nouvelle Déclaration – en réaction à celle de 1793, parfois en retrait sur celle de 1789 – est proclamée, le 22 août 1795. Sa principale originalité consiste à être suivie d'une Déclaration des devoirs. « La Déclaration des droits contient les obligations des législateurs : le maintien de la société demande que ceux qui la composent connaissent et remplissent également leurs devoirs », affirme-t-on.

Trois Déclarations des droits dont deux républicaines : toutes les trois font référence à « l'Être suprême ». En 1789, l'Assemblée nationale « reconnaît et déclare, en présence et sous les auspices de l'Être suprême, les droits […] de l'homme et du citoyen ». Ensuite, l'Être suprême se contente d'être simplement nommé. En revanche, c'est également « en présence et sous les auspices de l'Être suprême » qu'Olympe de Gouges a rédigé un projet de Déclaration des droits de la femme et de la citoyenne. Mais cela n'eut pas l'heur de plaire aux révolutionnaires masculins, qui la guillotinèrent le 3 novembre 1793 !

En 1848, certains artisans de la IIe République s'inspiraient de la Déclaration de l'an I. Mais elle rappelait de mauvais souvenirs et pouvait diviser. Alors, « en présence de Dieu », les républicains rédigent un préambule à leur Constitution qui, de fait, constitue une nouvelle Déclaration des droits. Ce texte indique également les « devoirs réciproques [qui] obligent les citoyens envers la République et la République envers les citoyens ». Aimer la patrie, servir et défendre la République, participer aux charges de l'État, concourir au « bien-être commun » en s'entraidant et à l'ordre général en observant les lois morales ou écrites, voilà les principaux devoirs du citoyen. Les devoirs de la République induisent les droits des citoyens. Liée au contexte économique et social des débuts de la révolution industrielle, « la Constitution de 1848 poursuit l'œuvre de la Convention (et la Déclaration de 1793) en consacrant l'émergence de nouveaux droits : les droits sociaux et économiques. Elle représente une tentative de renouvellement dans l'élaboration des droits de l'homme même si elle s'inscrit dans la continuation des principes et des libertés de 1789» (G. Lagelée - J.-L. Vergnaud, 1988, 81).

Ce renouvellement se traduit de plusieurs manières : la République poursuit des fins sociales. Son but consiste à «assurer une répartition de plus en plus équitable des charges et des avantages de la société», «d'augmenter l'aisance de chacun», de «faire parvenir tous les citoyens [...] à un degré toujours plus élevé de moralité, de lumière et de bien-être». Autre aspect : le citoyen possède des droits de créance sur l'État républicain : la République doit «mettre à la portée de chacun l'instruction indispensable à tous les hommes» ; elle doit «par une assistance fraternelle, assurer l'existence des citoyens nécessiteux», soit «en leur procurant du travail», soit en donnant «des secours à ceux qui sont hors d'état de travailler».

Des moyens mis en œuvre pour garantir certains droits deviennent des principes constitutionnels. C'est le cas pour le versement de traitements aux ministres des «cultes reconnus» (ce qui existait déjà en pratique), pour «l'enseignement primaire gratuit» (ce qui ne sera pas réalisé) ou pour le programme de travaux publics afin d'«employer des bras inoccupés» (ce qui fut vite abandonné). Par ailleurs, les libertés sont étendues (ainsi la liberté de l'enseignement est proclamée) et deviennent plus collectives : liberté de réunion, d'association (suspendue puis supprimée), de pétition. Elles aboutissent à de véritables droits de groupes : les organisations de prévoyance et de crédit, les organisations agricoles. Toutes ces novations font que 1848 constitue «une véritable date charnière dans l'histoire des droits de l'homme» (L. Ferry - A. Renaut, 1985, 27).

Déclaration des droits et pratique étonnante de la IIIe République

À chaque régime nouveau sa Déclaration des droits. Chaque fois, nous assistons à une tentative de renouveler la compréhension, l'élaboration des droits de l'homme. Cela s'effectue en zigzag : 1795 se situe en deçà de 1793 et même parfois de 1789 ; 1848 présente d'incontestables affinités avec 1793, mais retient aussi de 1795 l'idée qu'il n'existe pas de droits sans devoirs. En tout cas, la leçon de 1848 est claire : on ne saurait en rester à 1789, dont la Déclaration est largement dépassée. Semblable conception des choses apparaît congruente avec la « forme [...] de gouvernement [républicain] » dont le « but » consiste à « marcher [...] dans la voie du progrès et de la civilisation » (Constitution de 1848). Pas question donc d'effectuer du surplace.

La IIIe République aurait pu opérer une sorte de Restauration républicaine : la République instaurée en 1848 avait été interrompue par le coup de force du prince-président ; désormais, elle reprend son cours et va chercher à réaliser les objectifs qu'elle s'était donnés. La guerre, la Commune, les tentatives de restauration monarchique, tout un contexte rendait cette solution impossible. Élaborer une nouvelle Déclaration au moment où la République paraissait s'instaurer semblait plus logique. Pour nous, le retour à la Déclaration de 1789 nous paraît évident. Mais si nous nous débarrassons de notre socialisation à cette évidence, cela doit nous surprendre. Pourquoi en revenir à un texte monarchique ?

Deux raisons principales expliquent cette démarche. La première est plus oubliée que la seconde, elle ne doit pourtant pas être sous-estimée : sous le Second Empire, les républicains avaient dû contester que Napoléon III soit un héritier légitime de 1789. Un « retour » à 1789, en effet, s'opère déjà avec le coup d'État de Louis Napoléon (le 2 décembre 1851). L'*Appel au peuple* rédigé à cette occasion affirmait : « Si vous croyez que la cause dont mon nom est le symbole, c'est-à-dire la France régénérée par la Révolution de 89 et organisée par l'Empereur, est toujours la vôtre, proclamez-le en consacrant les pouvoirs que je vous demande. » L'article 1er de la Constitution de 1852 dit ceci : « La Constitution reconnaît, confirme et garantit les grands principes proclamés en 1789, et qui sont la base du droit public des Français. » Cela signifiait aussi un retour à une égalité seulement civile et à un silence sur les droits sociaux, même si le futur Napoléon III avait consacré en son temps un ouvrage à *L'Extinction du paupérisme* (après 8 heures du soir, précisèrent les humoristes). L'idée maîtresse – que les républicains devaient absolument combattre – se trouvait exprimée par le préambule: «Tout ce qui a été organisé depuis la Révolution et qui existe encore l'a été par Napoléon.»

Plus connue, la seconde raison est, tout simplement, l'inexistence d'une Constitution de la IIIe République. Pendant plusieurs années, cette République a été un régime de fait, considéré comme provisoire par la majorité de l'Assemblée nationale. En 1875, des lois constitutionnelles stabilisent et complètent la pratique existante. 1879, 1884, 1926 voient adopter diverses révisions constitutionnelles… avant l'ultime révision (non républicaine) du 10 juillet 1940, après la défaite. Elle donne toute autorité au maréchal Pétain pour promulguer une «nouvelle Constitution». Il n'est plus question, à ce moment-là, des droits de l'homme, mais (formule significative) de «garantir les droits du Travail, de la Famille et de la Patrie».

Cette nouvelle Constitution sera élaborée en 1943 sans être jamais rendue officielle: les Allemands s'y opposèrent. Le projet reprit les lois de 1875 sur l'exécutif et le législatif, en les amendant dans un sens autoritaire. Il comportait aussi des aspects plus neufs et «plusieurs articles passeront dans les constitutions et les lois ultérieures» (J. Godechot, 1979, 342). Mentionnons deux innovations importantes: l'établissement du vote des femmes (il sera réalisé par la IVe République); l'instauration d'une «Cour suprême de justice» pour juger de la constitutionnalité des lois et des recours des citoyens contre la loi (en partie reprise par la création du Conseil constitutionnel sous la Ve République).

Ambivalence de l'histoire: c'est le gouvernement de Vichy, régime dictatorial, auteur de terribles lois de discrimination à l'égard des juifs et de leur persécution effective, qui a voulu instaurer le droit de vote des femmes, un droit que la IIIe République n'avait pas su promouvoir. De même Vichy proposait un contrôle de constitutionnalité des lois. Or la IIIe République avait marqué un recul dans ce domaine en gardant le silence sur la distinction entre la garantie constitutionnelle des libertés et leur aménagement législatif, une distinction opérée par les autres régimes. « Une tradition presque séculaire fut rompue [...]. En l'absence d'instruments de contrôle appropriés, cette tradition n'empêchait nullement les abus de pouvoirs législatifs, l'histoire le prouve. Mais [...] aux pires moments des régimes les plus autoritaires, la référence libérale subsistait et, malgré tout, elle ne laissait pas d'être gênante pour les gouvernants. Avec l'entrée en vigueur des lois constitutionnelles de 1875, s'ouvrit au contraire une période où le statut des libertés publiques releva entièrement de la compétence du législateur » (J.-P. Machelon, 1976, 32 *sq.*).

La sacralisation de la Déclaration de 1789

Mais s'il en est ainsi, si la IIIe République se présente « comme un régime qui affirme en fait la toute-puissance du législateur, sans inclure dans aucun texte constitutionnel la moindre allusion à une déclaration des droits ou à la garantie des droits » (Cl. Nicolet, 1982, 349), quelle a été la nature du retour à la Déclaration de 1789 ? Pourquoi en avoir fait la référence quasi obligatoire du discours politique républicain, le symbole par excellence de la République ? Claude Nicolet répond (*ibid.*, 358 *sq.*) : « La Déclaration [des droits de 1789] n'a pas de place en tant que simple constitution politique, parce qu'elle est bien autre chose : un texte sacré, non plus bien entendu inspiré par une quelconque révélation, mais issu du progrès des Lumières, la raison se révélant à elle-même [...]. Elle appartient au domaine du spirituel, celui de la nouvelle morale républicaine, autonome et supérieure à la sphère du politique, mais distinct de celui-ci. [...] Le refus d'en faire un texte constitutionnel est la reconnaissance implicite de [sa] valeur sacrée. »

Ce diagnostic nous semble juste. Il correspond à ce qui s'est passé au début de la Révolution. La Déclaration fut présentée comme le « nouvel Évangile » (Jules Ferry dira d'ailleurs que c'est « notre Évangile », à nous républicains), le « nouveau Décalogue » (elle fut gravée sur deux tablettes, reprenant l'iconographie traditionnelle des tableaux représentant les Tables de la Loi révélée à Moïse au mont Sinaï). Mais selon Nicolet, cette sacralisation de la Déclaration induit deux conclusions, l'une nous semble partielle, l'autre plus significative qu'il ne le dit.

La première conclusion affirme que du coup la Déclaration « comme tout texte sacré [dans l'optique des républicains] n'est susceptible d'aucune interprétation autoritaire, elle ne doit ressortir que d'une intime conviction individuelle ». Les républicains ne veulent pas que le texte de 1789 puisse « être mis à l'abri de la libre discussion et du libre examen » (*ibid.*). Et Nicolet se réfère à Buisson. Celui-ci refuse que l'on fasse apprendre par cœur aux enfants le texte de la Déclaration : il faut que les élèves le découvrent par eux-mêmes, en faisant appel à leur conscience. De même, le pédagogue Gabriel Compayré redoute qu'en « serinant » ou en faisant copier aux enfants la Déclaration on les en dégoûte au lieu de la leur faire aimer.

« On est là à l'extrême pointe de la liberté de conscience », commente Nicolet (*ibid.*). Vraiment ? Ne serait-ce pas chez Compayré une simple intelligence pédagogique et chez Buisson une conception intériorisée, non dogmatique, de la religion ? En effet, avec la leçon quotidienne de morale laïque donnée par l'école, l'appel à la conscience était, au minimum, orienté. Et la grande question devient alors : que se passe-t-il si la « conscience » ne découvre pas les idéaux de la Déclaration de 1789, les idéaux des « droits de l'homme » ? Question importante, toujours actuelle. Question à laquelle on peut répondre, par le constat historique de ce qui s'est passé de 1901 à 1908. Nous laissons les années 1905-1908 pour le chapitre suivant, nous allons examiner la période 1901-1904 dès la fin de celui-ci.

La seconde conclusion est également problématique. Elle concerne un problème que Nicolet veut « méditer » (pas analyser, méditer !) : « L'étonnante *[sic]* résistance du régime [républicain] à toutes les tentatives faites, de divers côtés, pour donner aux Déclarations [en fait à celle de 1789] une valeur constitutionnelle » (*ibid.*, 355). En effet, à plusieurs reprises, des majorités républicaines refusèrent d'adjoindre la Déclaration des droits de 1789 aux lois constitutionnelles de 1875.

Dès les débuts de la IIIe République, Alfred Nacquet (1873), connu ensuite comme auteur de la loi rétablissant le divorce, demanda de constitutionnaliser la Déclaration des droits. Les discussions parlementaires sur ce sujet eurent lieu principalement au début du XXe siècle, au moment de la discussion et de l'application de la loi sur les associations. Des propositions de loi furent déposées en 1901 et 1902 (encore en 1909) par des députés catholiques ralliés à la République. Il s'agissait de donner une valeur constitutionnelle à la Déclaration de 1789 ou – de façon plus ambitieuse – de créer une Cour suprême qui « recevait le droit de sanctionner toute atteinte à la Déclaration des droits de l'homme » (J.-P. Machelon, 1976, 63). Le débat, écrivait un des auteurs de la proposition de loi, « est à présent entre la Démocratie absolue et la Démocratie constitutionnelle, comme jadis il était entre la Monarchie absolue et la Monarchie Constitutionnelle ». Pour Nicolet, la réponse faite par la Chambre, à la proposition déposée en 1901, est « significative » : elle refuse la constitutionnalité de la Déclaration, d'un côté, et de l'autre « elle vote l'affichage de [cette] Déclaration dans les écoles » (1982, 356). Cela montre bien que, d'un point de vue républicain, ce texte est « bien autre chose » qu'une « simple constitution politique » : « un texte sacré » (*ibid.*, 358).

Les ambiguïtés de la sacralisation des droits

Nicolet justifie aussi le refus républicain d'accorder une valeur constitutionnelle à la Déclaration de 1789 par une raison plus prosaïque, voire politicienne : les propositions de loi en ce sens sont « toujours [des] actes politiques dirigés soit contre la politique religieuse du Bloc des gauches soit plus largement contre le régime parlementaire tel qu'il fonctionne à l'époque » (*ibid.*, 356).

Bel aveu implicite : si on comprend bien, pour Nicolet le

monopole du pouvoir législatif et la politique religieuse (c'est-à-dire anticongréganiste) gouvernementale qu'un tel monopole permet constituent, en fait, des atteintes à la Déclaration des droits. Mais il glisse sur cet aspect gênant pour reprendre le terrain immaculé des principes et affirmer: en France, la «vraie garantie des droits de l'homme» ne se situe pas dans une «politique de limitation du pouvoir comme celle des Anglo-Saxons ou des libéraux». Elle réside dans une «politique de participation au pouvoir par l'intermédiaire des représentants [...], essentiellement par le suffrage universel» (il eût été plus exact d'écrire «par le suffrage masculin»!). Mais elle réside aussi «et surtout dans la conscience morale et civique de chaque citoyen» (*ibid.*, 357).

Admirable propos, à condition de le décrypter! À la garantie juridique, constitutionnelle des droits de l'homme, on oppose une sacralisation de ces droits... sans être forcément sûr de les respecter. Le moyen d'opérer cette sacralisation ambiguë est l'affichage de la Déclaration dans les écoles. La République a besoin d'un tel sacré et elle donne mission à l'école de socialiser à ce sacré (Régis Debray ne dit pas autre chose, rappelons-le). D'ailleurs, les droits de l'homme dépendent du citoyen-électeur (mâle uniquement), de sa conscience morale et civique. Or c'est l'école – précisons: «l'école républicaine» – qui est chargée de le former à la citoyenneté, de lui donner cette «conscience morale et civique» tout en cautionnant les impensés de ce sacré républicain. Nous trouvons là l'expression d'une «République absolue» (O. Rudelle, 1986) où l'État enseigne la nation, grâce à l'école publique. Il apprendra aux citoyens un strict respect des droits de l'homme sans être tenu lui-même à ce respect! Cette conception de l'État républicain s'éloigne de la démocratie. On peut se demander si elle ne fonctionne pas toujours idéologiquement chez certains «républicains». Elle est pourtant anticonstitutionnelle depuis 1946.

Certes, Nicolet a raison de penser qu'un homme comme Buisson veut – autant que faire se peut – une religion (républicaine) de «libre examen». Mais il a tort de croire qu'une telle expression «semble définir le mieux la hiérarchie mentale implicite des républicains français» (*ibid.*, 358). Malgré ses hautes fonctions et sa longue carrière (où, d'ailleurs, il a dû en céder à la mentalité dominante républicaine), Buisson est resté un franc-tireur. Les craintes exprimées par Compayré montrent bien qu'en fait beaucoup d'instituteurs faisaient «seriner» la Déclaration des droits. D'une manière générale, il y avait loin des directives données par Buisson à la pratique scolaire usuelle. Pierre Albertini (1998, 72) note ainsi que, «à lire les consignes ministérielles, l'historien s'attendrait à trouver des classes très libres, où l'esprit de l'enfant aurait été constamment en éveil. [Or...] la pratique dominante reste assez directive et parfois même livresque: le maître "doit tenir sa classe" hétérogène et "turbulente", s'assurer que ce qu'il fait apprendre est effectivement su».

Les deux lois d'exception contre les congréganistes

Au début du XXe siècle, la lutte anticongréganiste s'organise autour de deux lois. La première, celle du 1er juillet 1901, «relative au contrat d'association», est très libérale pour ce dernier, mais elle soumet l'existence légale des congrégations religieuses à une autorisation parlementaire. La seconde loi, votée le 7 juillet 1904, interdit l'«enseignement de tout ordre» aux congrégations. Dès l'époque, la loi de 1904 se trouva contestée, au nom des droits de l'homme, au sein même du camp laïque. René Goblet – auteur de la loi qui, en 1886, avait laïcisé le personnel de l'école publique – déclara: la nouvelle loi constitue «une atteinte incontestable» aux «droits de toute une catégorie de citoyens» (= les congréganistes) et, au-delà même, aux «droits des pères de famille» dans l'éducation de leurs enfants. En définitive, on instaure un «système de contrainte [...] irritant autant qu'inefficace» (cf. P. Ognier, 1994, 147).

Sans prétendre retracer l'histoire de «la République contre les congrégations» (titre de l'ouvrage récent de Christian Sorrel, 2003), il faut relativiser l'opposition souvent faite entre les deux lois. La loi de 1901 est alors perçue comme une mesure légitime de « défense républicaine », dans le contexte de l'affaire Dreyfus. Ne minimisons certes pas les « haines » (antisémite, antimaçonne, antiprotestante) qui ont précédé, rendu possible et accompagné l'« Affaire » (J. Baubérot - V. Zuber, 2000). Mais la situation ne rendait pas nécessaire une mesure générale mettant les congrégations hors du droit commun, et ce malgré l'éternel alibi de la République menacée, donné par le ministre Millerand : « La République n'est pas un régime oppressif et intolérant, mais elle ne saurait permettre à quiconque, sous prétexte de religion, de faire campagne contre elle » (cf. G. Merle, 1995, 232).

En fait, le gouvernement possédait déjà des moyens d'agir. Ainsi, le quotidien *La Croix*, dirigé par les assomptionnistes, diffusait un antisémitisme d'autant plus pernicieux qu'il se trouvait « propagé sous couvert de l'image du Christ crucifié » (M. Larkin, 1974, 86), lui donnant des lettres de noblesse. Mais le 11 novembre 1899, les bureaux du quotidien sont perquisitionnés et des poursuites engagées. Le procès s'ouvre devant le tribunal correctionnel de la Seine et aboutit à la dissolution de la congrégation. Au même moment, le pape Léon XIII retire la direction de *La Croix* à l'équipe des assomptionnistes.

Or, trois jours seulement après le début des poursuites, le 14 novembre 1899, deux projets de loi, beaucoup plus généraux, sont déposés. Le premier donnera la loi de 1901 sur les associations. Il établissait une « discrimination très nette » (J.-P. Machelon, 1976, 310) entre associations et congrégations. Le second projet excluait du service public les candidats dont les trois dernières années d'études ne s'étaient pas effectuées dans un établissement d'enseignement public. Il ne sera pas voté, mais montre bien que c'est l'attrait des écoles congréganistes qui est déjà visé. Elles regroupent, en 1899, 49 % des garçons des écoles secondaires, et un nombre grandissant de cadres républicains y envoient leurs fils. Ce second projet montre également que le gouvernement est plus offensif que sa majorité : adopté, il aurait constitué une nette atteinte à la liberté d'enseignement.

Pour opposer Waldeck-Rousseau (l'auteur de la loi de 1901)

à Émile Combes (l'auteur de la loi de 1904) et diaboliser ce dernier, on indique que Waldeck-Rousseau avait promis au pape d'appliquer la loi avec le « libéralisme le plus bienveillant ». Allait-il prétendre le contraire alors qu'il fallait obtenir du Saint-Siège une opposition limitée ? En fait, dès l'automne 1901, « l'application de la loi par le cabinet Waldeck-Rousseau n'eut aucunement comme effet d'adoucir les rigueurs de la loi » (J.-P. Machelon, *ibid.*, 370 *sq.*). D'ailleurs, Waldeck-Rousseau justifie son action par des propos de combat : « Jamais l'état des congrégations n'a été plus considérable. Elles sont enseignantes parce qu'il faut former les esprits ; elles sont commerçantes parce que, à une immense entreprise, il faut d'immenses moyens ; elles sont partout où peut se jouer la partie décisive », affirme-t-il. Et selon une pratique éprouvée, il conteste aux congrégations leur légitimité religieuse : « une thaumaturgie grossière à l'usage des foules, la dévotion facile à la place de la foi », telle serait leur manière de faire (cf. Chr. Sorrel, 2003, 85).

De Waldeck-Rousseau à Émile Combes

Même si le gouvernement d'Émile Combes va en radicaliser l'application, puis absolutiser ses effets par la loi de 1904, la loi sur les associations de 1901 entame le processus qui interdit aux congréganistes d'enseigner. Elle « [met] à part des groupes ou des personnes qu'un mode de vie particulier fait regarder comme les ennemis de la liberté et tend à transformer l'État en une puissance idéologiquement engagée [...], au nom d'un anticléricalisme à fort contenu antireligieux versant dans la pensée mythique du complot, haine contre haine, mais identifié par ses promoteurs à la cause même de la liberté » (*ibid.*, 94).

Waldeck-Rousseau, avocat d'affaires, invoque une autre raison pour légitimer la lutte anticongréganiste. Il dénonce « le péril d'une mainmorte grandissante qui menace le principe de la circulation des biens », car, ajoute-t-il, « la valeur des immeubles occupés ou possédés par les congrégations dépasse aujourd'hui le milliard». Ce thème du «milliard des congrégations» (somme considérable pour l'époque) donne lieu à des campagnes de presse et accrédite l'idée d'une fortune indue que l'État républicain doit pouvoir récupérer.

Avec Émile Combes, membre du Parti radical, le discours se gauchit: en récupérant le «milliard des congrégations», le gouvernement de la République va pouvoir financer les retraites ouvrières. En fait, avec la loi de 1904, l'État réussit à confisquer 200 millions de francs en propriété sur ce fameux – et sans doute en partie mythique – «milliard». Mais une bonne part de l'argent n'alla jamais dans ses caisses. Outre qu'il fallut payer des pensions pour les religieux âgés ou invalides, de fortes sommes s'évanouirent dans une inflation de frais légaux et administratifs, quand elles n'allèrent pas dans la poche de certains des liquidateurs!

Dès le départ d'ailleurs, une politique religieuse agressive impliquait une politique sociale timide. Lors de la formation de son gouvernement, Combes déçut ses amis radicaux en prenant comme ministre des Finances Maurice Rouvier, très lié aux milieux d'affaires. Il leur expliqua alors que, la lutte contre les congrégations risquant de déchaîner les passions, il lui fallait rassurer. La déclaration de politique ministérielle de Combes «n'assurait qu'un rang d'urgence modeste aux réformes sociales en général et aux retraites ouvrières en particulier, et Jaurès accepta ce cadre» (G. Merle, 1995, 270). Cela au nom de l'habituel slogan: la République est en danger. Combes déclare, à la Chambre des députés: «Nous sommes à un tournant de nos destinées. La République périra si elle faiblit devant la congrégation. Vous avez pour vous le droit et vous êtes la force» (*ibid.*, 281).

Ne transformons pas Combes en bouc émissaire des erreurs de la République, ni en antireligieux primaire et borné. Le personnage présente des côtés attachants, complexes, et sa politique est alors populaire dans le pays. Ce médecin, représentant typique du radicalisme maçonnique d'une petite ville de province (Pons, dans l'actuelle Charente-Maritime) est un ancien séminariste. Il en avait gardé la conviction que «l'idée religieuse [est] une des forces morales les plus puissantes de l'humanité», et il le déclare, en 1903, à la Chambre, provoquant une vive réaction de ses amis politiques. Il est cependant très sensibilisé au «danger» politique que représente, selon lui, le catholicisme. Onze ans plus tôt, il a rédigé un rapport sur l'enseignement primaire en Algérie qui attribue un rôle positif à l'islam et au Coran dans cet enseignement. Et, au moment le plus fort de son combat, il entretient une relation forte avec la princesse Bibesco, en religion mère Bénie-de-Jésus, prieure du carmel d'Alger. Cet amour partagé resta-t-il platonique ? Gabriel Merle (1994) le pense. Des historiens s'amusent à en débattre, certains soirs de colloque, autour d'un agréable verre de gewurztraminer. Peu importe, l'essentiel est le fait qu'une telle relation brouille les idées simplistes.

Laïcité républicaine = laïcité religieuse ?

L'hostilité aux congrégations n'est pas une lubie de Combes. Elle remonte à l'Ancien Régime, plus précisément aux Lumières. Lors des débuts de la Révolution, les vœux monastiques, jugés alors incompatibles avec les «droits de l'homme», sont abolis (février 1790). On supprime donc les congrégations, excepté les ordres enseignants et hospitaliers, jugés socialement utiles ; ils ne seront abolis qu'après la chute de la royauté (août 1792). Les formes de vie consacrée ont cependant refleuri au XIXe siècle, et la France compte en 1860 deux fois plus de religieux et religieuses qu'en 1789. Sans qu'ils en aient forcément conscience, la déception devant leur échec à devenir culturellement hégémoniques dans la conception d'une vie «libre» pousse les républicains de la IIIe République à imposer la liberté par la répression.

L'interdiction d'enseigner faite aux congréganistes est justifiée explicitement par deux arguments principaux. D'abord, «le gouvernement républicain refusait de considérer le droit d'enseigner comme un droit individuel absolu, au nom de la liberté de l'enfant, dont l'État devait être le garant». Ensuite,

« les républicains laïques développaient l'idée selon laquelle, en se soumettant aux règles absolues d'obéissance à leur ordre, les [membres des] congrégations avaient abdiqué leur qualité de citoyen actif », même s'ils conservaient leurs droits civils. Cela montre que, « pour les républicains, l'expression "droits de l'homme et du citoyen" n'est pas une redondance. Elle marque une gradation, réservant à la base – comme le faisait l'idéologie libérale – une sphère de droits civils propres à tout individu et au-dessus, une sphère de droits [...] que l'on pourrait appeler civiques, impliquant l'adhésion à un consensus, [à] une "profession de foi" incompatibles avec certains engagements ou certaines doctrines » (Cl. Nicolet, 1982, 371).

Explication très éclairante... qu'il faut prolonger par deux commentaires. En premier lieu, il s'agit d'une lecture de la Déclaration de 1789 qui semble contraire à la Déclaration elle-même. Cette dernière, bien loin de distinguer entre l'« homme » et le « citoyen » établit, au contraire, une équivalence entre les deux quant à leurs droits. Témoin l'article XI : « La libre communication des pensées et des opinions est un des droits les plus précieux de l'homme ; tout citoyen peut donc parler, écrire, imprimer librement, sauf à répondre de l'abus de cette liberté dans les cas déterminés par la loi. » Certes, à l'époque, une distinction entre « citoyen actif » et « citoyen passif » fut faite. Mais, avec encore un impensé considérable (la pleine citoyenneté des femmes), la IIe République abolit cette distinction en instaurant le suffrage dit « universel ». L'interprétation « républicaine » des droits de l'homme et du citoyen, effectuée par la IIIe République, revient en arrière. C'est une interprétation restrictive, non universaliste. Faisant fi de l'universalisme quarante-huitard, on retourne aux limites mentales de 1789-1790. Et c'est également cette interprétation restrictive qui aura force de loi dans l'empire colonial, notamment dans les départements français d'Algérie, avec le code de l'indigénat.

En second lieu, l'instauration des congréganistes en citoyens de second ordre, munis de « droits civils » et dépourvus de certains « droits civiques », provient de leur refus (supposé) de partager la « profession de foi » républicaine. Nicolet sait fort bien ce qu'il fait en utilisant des guillemets. Il se déclare « obligé – texte en main – d'employer des mots de cette sorte pour parler de ce qui n'est, après tout, qu'un régime ». En effet, les termes, les métaphores utilisés par les républicains « rappellent dangereusement un air connu : celui de la Religion ». Il s'agit, poursuit-il, d'une « contamination assez troublante » : « La République emprunte au sacré, voire au divin, ses mots, et peut-être plus que ses mots » (*ibid.*, 498).

La laïcité républicaine serait donc... une laïcité religieuse ? Mais est-elle encore, dans ce cas, la laïcité ? Oui, si on en croit Nicolet quand il affirme que, dans la perspective républicaine, la Déclaration de 1789, « comme tout texte sacré, n'est susceptible d'aucune interprétation autoritaire, elle ne doit ressortir que d'une intime conviction individuelle ». Ce texte ne doit pas « être mis à l'abri de la libre discussion et du libre examen » (*ibid.*, 358). Non, si on en croit le même Nicolet quand il écrit que, loin de livrer la Déclaration des droits à cette libre discussion, les républicains privent de certains droits ceux qui – sacrilège ! – n'interprètent pas 1789 selon la « profession de foi » républicaine.

VI

1903-1908 : la séparation, mutation de la laïcité

Le mardi 28 avril 1903 « un bataillon du 140e de ligne et un détachement du 4e génie montaient de Grenoble ; deux escadrons du 4e dragons arrivaient de Chambéry, sans compter les renforts de gendarmes à cheval et les mouches de la police secrète. On peut dire qu'ils n'y allaient pas de main morte, les gens de la préfecture. Était-ce la Grande Chartreuse qu'ils voulaient prendre d'assaut ou le fort Chabrol ? Ils avaient essayé de faire leur coup en douceur, en envoyant des ordres de marche au dernier moment, par télégraphe, et en donnant aux troupes des itinéraires détournés, mais quand une région entière est aux aguets, peut-on lui cacher [ce qui va se passer] ? » (A.-M. et J. Mauduit, 1984, 131).

Cette représentation imagée de l'expulsion des chartreux a le mérite de bien rendre l'atmosphère de l'époque, telle quelle fut popularisée par la publication à grand tirage *L'Illustration*. Avant la Révolution, la Chartreuse constituait un lieu d'assistance publique. Expulsés en 1792, les moines étaient revenus en 1816, sous la Restauration. Ils avaient eu l'idée de distiller des liqueurs ; cela leur avait, en partie, rendu leur richesse d'antan. Leurs activités occupaient de la main-d'œuvre locale. Leurs actions « charitables » avaient repris, notamment par la construction d'un hôpital à Saint-Laurent-du-Pont. Leur congrégation n'avait pourtant jamais été reconnue par l'État. Mais lorsqu'en 1880 Ferry avait mené une vive et brève lutte contre les congrégations non autorisées, il s'était gardé de prendre la moindre mesure à leur encontre. Les chartreux étaient populaires.

Cependant, pour Combes, la Chartreuse représente le type même de la « congrégation industrielle et commerciale », riche, généreuse, et donc influente. C'est pourquoi, le matin du 28 avril 1903, les forces de l'ordre (de l'ordre républicain) enfoncent la porte de service. Vingt-trois mandats d'amener sont pris, suite au refus des moines de quitter les lieux. Chacun d'entre eux, saisi sous les bras par deux gendarmes, est expulsé du monastère, sous les clameurs de la foule. Le lendemain, le colonel de Coubertin, chef des deux escadrons de dragons, donne sa démission au ministre de la Guerre pour, affirme-t-il, sauver l'honneur du régiment qui fut obligé d'accomplir ce travail.

Mais Combes avait, peu avant, fait valoir ses propres arguments : outre la richesse, il soulignait « l'étrangeté de l'existence d'une communauté que l'on croirait destinée à satisfaire les besoins de l'âme et qui s'emploie à fabriquer et à vendre de l'alcool ». Enfin, argument suprême, il lut une brochure dont les auteurs « enseignent les moyens efficaces de protester contre l'action du gouvernement : boycotter l'emprunt, payer ses impôts par douzième, et à la dernière minute, pour engorger les services, etc. » (G. Merle, 1995, 294). Parmi les huit cents signataires, le supérieur de la Chartreuse.

Parmi les auteurs également, sœur Saint-Stanislas Beisson, supérieure des Ursulines. Et, avec mille autres raisons, cela justifie aux yeux de Combes les poursuites entreprises contre les congrégations féminines, épargnées en 1880. Comme leurs collègues masculins, certaines religieuses prennent la route de l'exil (au total environ 30 000 hommes et femmes) et transfèrent leur communauté en Grande-Bretagne, Belgique, Espagne, Italie, Canada... D'autres – spécialement les personnes non encore ordonnées – restent. Elles revêtent leurs vêtements civils, laissés dans les garde-robes familiales, et apparaissent aux populations vêtues « à la mode des années 1880 ou même des années antérieures ». Les carmélites, sans contact jusqu'alors avec le monde extérieur, se font particulièrement remarquer. « Très maligne, la prieure du Carmel de Laval, apparue harnachée comme une mondaine du plus mauvais goût, portant un manteau écarlate et une robe mauve » (M. Larkin, 1974, 98 *sq.*).

Liberté de conscience, liberté de penser

Ces extravagances vestimentaires ne passent pas inaperçues, ce qui – bien sûr – constitue le but de l'opération. Pourtant, globalement, la dissolution des ordres religieux ne provoque pas de vives réactions, excepté dans quelques régions restées très catholiques, comme la Bretagne. Là, « l'affrontement avec le pouvoir » est plus global (M. Lagrée, 1992, 248 *sq.*). En septembre 1902, une circulaire de Combes demande aux préfets des différents départements bretons de s'assurer que les prédications et le catéchisme sont bien donnés en français et, si ce n'est pas le cas, de suspendre les traitements des ecclésiastiques. Un curé réplique que personne ne saurait « le contraindre à parler une autre langue que celle qu'il avait apprise sur les genoux de sa mère ». D'autres envisagent un troc (qu'ils savent d'avance inacceptable pour le gouvernement) : « Que le catéchisme redevienne matière d'enseignement public. Dès lors tout change. Le clergé emploiera le français pour l'instruction religieuse des enfants. [...] La jeunesse progressera plus rapidement dans la connaissance et l'usage du langage commun. »

Le clergé peut compter sur l'appui des députés et des maires catholiques bretons. Combes, lui, trouve des soutiens dans les milieux républicains... hors Bretagne. La société des Bleus de Bretagne, qui défend les idéaux issus de la Révolution française, se mouille le moins possible dans cette affaire, et un député de gauche du département du Finistère va même jusqu'à déclarer à la Chambre qu'il n'existe pas de « langues réactionnaires en soi ». Combes, persuadé que la version bretonne du catéchisme comporte des développements politiques absents de la version française, suspend les traitements de certains prêtres en 1903 et jusqu'au milieu de 1904. Au bout du compte, son action s'avère contre-productive, car elle renforce le thème du *Feiz ha Breiz*, c'est-à-dire l'idée d'une union entre la foi catholique et la culture bretonne.

Comme la lutte anticongréganiste, ce conflit pose la question des limites du pouvoir d'État. Les mesures répressives n'obtenant pas les résultats espérés, faut-il s'accommoder d'un succès très relatif ou prendre des mesures plus draconiennes encore ? Au début des années 1880, lorsque Ferry avait lutté contre les congrégations non autorisées, il s'était vite rangé à la première solution (J. Baubérot, 1997, 49 *sq.*). En 1903-1904, l'engrenage de la répression semble choisi par le gouvernement. Plus de la moitié des écoles congréganistes fermées rouvrent, en effet, quelques mois plus tard. La responsabilité légale est confiée à des laïcs catholiques dont le statut civil ne peut être contesté. Mais le plus souvent, à part des ajustements administratifs, ces écoles continuent de dispenser le même enseignement avec, dans leur personnel, des religieux et des religieuses « sécularisés ». Combes cherche alors à remédier à cette situation en proposant d'interdire aux religieux sécularisés (donc théoriquement revenus à la vie civile avec l'autorisation de leurs supérieurs et ayant abandonné leurs habits spécifiques) de pouvoir continuer à enseigner dans le même lieu qu'auparavant. Il veut les obliger à un déplacement perturbant, à aller dans un endroit où ils ne sont pas connus des familles. Mais de fermes soutiens de Combes, comme Buisson et Clemenceau, condamnent ce projet. Ils le trouvent attentatoire aux libertés individuelles. Adopté par la Chambre, il est arrêté par le Sénat.

De plus, au-delà des enseignants, existe le problème des manuels utilisés par les écoles catholiques. Ainsi en mars 1903 le Conseil supérieur de l'Instruction publique interdit la réédition de l'*Histoire de France* du père Loriquet. Il comporte des passages « contraires à la Constitution et aux lois ». Deux paragraphes sont explicitement cités. Le premier concerne la Réforme du XVIe siècle. Le protestantisme y est qualifié de « secte favorable aux inclinations corrompues de l'homme » et Luther a « sali ses ouvrages » par de la « grossièreté » et des « turpitudes ». Le second passage traite de la doctrine des « philosophes », « chaos de contradictions choquantes et de honteuses infamies [... qui] se réduit en dernière analyse à nier toutes les vérités, à calomnier toutes les vertus, à encourager tous les crimes » (cf. Ch. Almavy, 1995, 69). L'action vraiment efficace consisterait alors dans l'instauration d'un monopole d'État dans l'enseignement.

Le congrès du Parti radical de 1903 demande au gouvernement d'instaurer ce monopole, pour achever le processus « d'émancipation des esprits » effectué par la laïcisation républicaine. Complètement oublié aujourd'hui, le sénateur Eugène Lintilhac, professeur à la Sorbonne, spécialiste de l'Antiquité gréco-latine, estime que « l'État démocratique sera enseignant ou ne sera pas », car il « ne peut et ne doit concéder à [quiconque] la possibilité d'élever les futurs citoyens contre la cité ». Pour lui, le « père de famille » n'est pas habilité à former des citoyens : « Avoir mis au monde un être humain ne confère pas le droit de le mettre en travers de la marche de l'humanité » (cf. S. Bernstein, 1980, 51). Or, dans les établissements catholiques, l'enseignant, ce « clérical latent », peut « tenir un langage à peu près irréprochable en apparence » tout en distillant son « esprit réactionnaire » « d'un hochement de tête » ou « d'un sourire à la cantonade », pour déformer à son gré « cette cire molle » qu'est la tête de l'élève (cf. A. Prost, 1968, 216 *sq.*). Il faut donc enseigner « un credo qui est celui de la Déclaration des droits de l'homme et du citoyen ».

Le monopole de l'État est prôné au nom de la liberté. Mais c'est au nom de cette même liberté que des radicaux francs-maçons (Hubbard, Le Foyer...) contestent Lintilhac. Buisson lui-même refuse d'en rester à la démocratie grecque où « l'État était maître et souverain ». Avec 1789, « il faut aux hommes non plus des libertés, mais la liberté ». L'idéal antique était égalitariste, « l'État moderne met son honneur à réaliser l'inverse », le droit à l'opinion personnelle. En effet, « le premier devoir d'une République est de faire des républicains, et [...] on ne fait pas un républicain comme on fait un catholique. Pour faire un catholique, il suffit de lui imposer la vérité toute faite : la voilà, il n'a plus qu'à l'avaler. [...] Pour faire un républicain, il faut prendre l'être humain [...] et lui donner l'idée qu'il faut penser par lui-même, qu'il ne doit ni foi ni obéissance à personne, que c'est à lui de chercher la vérité et non pas de la recevoir toute faite d'un maître [...] quel qu'il soit, temporel ou spirituel » (cf. S. Tomeï, 2004, 586).

Le discours de Buisson suscite de vifs applaudissements. Pourtant sa position s'avère minoritaire. Peut-être parce qu'elle comporte un paradoxe nécessaire et que, là, l'orateur n'est plus suivi par certains congressistes. En effet, Buisson affirme: «Il n'y a pas d'éducation libérale là où on ne met pas l'intelligence en face d'affirmations diverses, d'opinions contraires, en présence du pour et du contre, en lui disant: compare et choisis toi-même»; une conclusion, en apparence logique, consisterait à dire: raison de plus pour donner à l'école laïque le monopole de l'instruction. En effet, elle et elle seule peut réaliser cela, cette formation à l'esprit critique, alors que, selon Buisson lui-même, l'école catholique socialise à la passivité intellectuelle. Eh bien non, la conclusion de Buisson est l'inverse. Le discours induit un indispensable retournement: *in fine*, la liberté de penser oblige à laisser une place à son contraire. L'effet Buisson est le suivant: le monopole de la liberté de penser constituerait, en fait, l'abolition de la liberté de penser. En effet, même si on présente une diversité de contenus, il y aura alors une façon unique d'en parler, d'exposer les diverses facettes du problème. Il est permis de se demander si ce monopole totalisant et réducteur de la mise en forme n'est pas devenu aujourd'hui peu ou prou une réalité, avec les contraintes formelles de la communication de masse. Quoi qu'il en soit, nous trouvons là une conception démocratique de l'État républicain; elle récuse toute tentative de «République absolue».

Les avantages régaliens d'une laïcité concordataire

L'enjeu est fort important puisque s'affrontent deux conceptions de la laïcité. La première, qui se reconnaissait alors explicitement comme «autoritaire», privilégie les droits de l'État, lui assigne le rôle d'émanciper l'individu, de le «protéger» contre les asservissements qui le menacent. La seconde défend les droits et libertés de l'individu... au risque de se perdre. En effet, quand on met quelqu'un en présence «d'opinions contraires [...] en lui disant: compare et choisis toi-même», rien ne peut garantir que cet individu (là l'élève, l'enfant mineur) fera le bon choix, le choix de la laïcité, des droits de l'homme, de la République.

À ce congrès du Parti radical au pouvoir, les laïques partisans de la liberté de l'enseignement perdent donc la bataille. Nous savons maintenant qu'ils ont gagné la guerre: le monopole de l'enseignement ne sera jamais instauré en France. Mais, au début du XXe siècle, nul ne pouvait prédire cette victoire. Tout semblait indiquer que la laïcité se mêlait de plus en plus à l'étatisme, au régalisme.

Cette laïcité-là s'accommode du système des cultes reconnus et du Concordat. Les cultes minoritaires, protestants et israélite, ne posent pas de problème à l'État républicain. Le Concordat et les Articles organiques donnent à cet État des moyens de contenir le catholicisme, de l'obliger à ne pas trop ouvertement transgresser le loyalisme à la République.

La séparation des Églises et de l'État figurait dans le programme républicain dès la fin du Second Empire. Au début des années 1880, quand les républicains ont vraiment conquis le pouvoir, certains députés veulent passer à l'acte. Ils déposent des projets de loi en ce sens. Pourtant, un laïque aussi sourcilleux que Paul Bert n'est pas de cet avis. Selon lui, le Concordat de 1801 ne contient que «des institutions dont la société laïque peut s'accommoder pendant longtemps encore». Ce sont les gouvernements «faibles ou complices» qui ont fait du clergé une «puissance redoutable». Il faut donc mettre fin à ces empiétements et établir une sanction pénale pour la violation de certaines prescriptions concordataires (S. Kotovtchikhine, 2000, 234).

Il s'agit, en particulier, de rendre plus contraignant le «recours pour abus», procédure qui provenait de la politique gallicane de l'Ancien Régime et qui, depuis la loi de 1802, s'effectuait auprès du Conseil d'État. «L'objectif du législateur était clair: interdire aux ecclésiastiques d'outrepasser les fonctions propres à leur ministère; maintenir un strict gallicanisme, favorisant la tutelle de l'État sur l'Église, et réduisant l'influence romaine.» Se trouvaient également envisagées, cependant, « les éventuelles atteintes au libre exercice des cultes, qu'elles soient l'œuvre de particuliers, ou de l'autorité civile » (B. Basdevant-Gaudemet, 1988, 23).

Les différents gouvernements de la IIIe République utilisèrent cette procédure à de nombreuses reprises. Ainsi, en mars 1886, le Conseil d'État déclare abusive et supprime la circulaire de Mgr Tégaro, évêque de Sées, relative à la « funeste loi sur l'instruction primaire ». En 1892, il sanctionne l'abbé Robineau, qui refusait de donner la première communion à des enfants de l'école publique dont les parents n'avaient pas pris l'engagement d'envoyer ces enfants au presbytère après la cérémonie et d'y rester jusqu'aux vêpres. « En conséquence, le tribunal de Bressuire condamne l'abbé à verser des dommages-intérêts aux parents lésés » (*ibid.*, 74, 200).

Naturellement, Combes utilise également cette arme. En 1902, soixante-quatorze évêques effectuent une démarche collective où ils placent la défense des congrégations sur le terrain des libertés constitutionnelles et affirment craindre une « émotion dangereuse » face aux mesures d'interdiction. Mais comme la loi de 1802 ne reconnaît pas l'épiscopat comme un corps collectif, les évêques sont condamnés pour abus par le Conseil d'État, suite à une plainte du gouvernement. Soixante-douze des soixante-quatorze évêques écrivent alors à Combes « en invoquant leurs droits de citoyens et niant l'intention d'avoir intenté une action collective ». Combes suspend les traitements des cinq prélats qui sont à l'origine de cette action (G. Merle, 1995, 319). Par ailleurs, selon le Concordat, les évêques doivent être nommés par le gouvernement, tout en recevant l'investiture canonique du pape. En général prévaut la pratique de « l'entente préalable », qui permet d'éviter les conflits en trouvant des candidats acceptables par les deux parties. Waldeck-Rousseau « préfère constituer une petite phalange d'évêques qui lui soient dévoués » et impose à Rome six des vingt et un évêques nommés entre juillet 1899 et mai 1902. Sous Combes, les nominations s'arrêtent. « Désireux de revenir à la lettre du Concordat, [il] récuse en effet l'idée d'entente préalable. Mais il ne pousse pas la logique jusqu'à imposer ses choix au Saint-Siège » (J. O. Boudon, 1996, 391 *sq.*). De toute façon, les rapports deviennent de plus en plus conflictuels, jusqu'à la rupture des relations diplomatiques en juillet 1904.

Le projet Combes: séparation plus Concordat?

Combes se sert des armes données par le Concordat et les Articles organiques. Ainsi, en avril 1903, il suspend le traitement de Mgr Turinaz, évêque de Nancy, qui a fait prêcher un jésuite dans sa cathédrale, malgré une circulaire interdisant de semblables prêches. Début 1904, les cardinaux ayant écrit au président de la République, il suspend également leurs traitements. Est-ce pour ne pas se priver de telles armes qu'il ne s'engage que tardivement (discours d'Auxerre du 4 septembre 1904) en faveur de la séparation des Églises et de l'État? N'est-ce pas aussi qu'il voulait d'abord mener à bien la lutte anticongréganiste? Il est possible d'en débattre à l'infini. L'important est de comprendre que, si la séparation est la réalisation d'une grande idée républicaine, elle est également une aventure car elle donnera à l'Église catholique, dit Combes, un «pouvoir religieux», une «indépendance» qu'elle ne possède pas sous le régime concordataire (discours d'Auxerre).

Désirant sans doute restreindre les risques liés à l'indépendance d'une force dite hostile à la République, le projet de séparation, déposé par Combes en novembre 1904, institue de fait «le règne concordataire sans le Concordat», selon la formule de Clemenceau. En effet, ce texte multiplie les possibilités d'intervention de l'État dans les affaires ecclésiastiques.

D'abord, contrairement à l'avant-projet de la commission, élaboré sous l'impulsion de Buisson (son président) et d'Aristide Briand (1862-1932, son rapporteur), le projet Combes ne garantit pas la liberté de conscience et de culte. Étonnant silence! Ensuite, de nombreux articles limitent drastiquement ces libertés. Les édifices religieux (= les églises), propriétés publiques, sont loués pour une période de dix ans aux associations affectées à l'exercice du culte. Ces locations «pourront» (et non «devront») être ensuite renouvelées (pour dix nouvelles années, ou une période moindre) «dans les limites des besoins de ces associations». Le préfet ou le Conseil d'État sont juges de tels besoins. Les «biens non reconnus utiles» pour les besoins d'un culte «pourront [...] être concédés à un autre culte ou affectés à un service public» (article 5). Le souvenir des églises devenues «maisons de morale» ou, pire, «temples de la déesse Raison» sous la Révolution est ravivé.

Des articles très offensifs du projet sont consacrés aux associations affectées à l'exercice du culte (= associations cultuelles). Contrairement à l'avant-projet de la commission, le texte de Combes «détruisait la possibilité d'une union hiérarchique correspondant à la pyramide de l'autorité épiscopale nationale. Celle-ci permettait à l'Église [catholique] d'avoir une forte structure globale garantissant son unité et son existence matérielle. C'est précisément ce que Combes voulait détruire en restreignant les unions à la taille du département [...]. De plus, les fonds de réserve que pouvaient constituer les associations se trouvaient limités à un niveau absurdement bas d'un tiers de leurs revenus annuels, leur déniant par ce moyen toute possibilité d'un projet immobilier de quelque envergure» (M. Larkin, 1974, 140).

D'autres articles de ce projet de loi interdisent les cérémonies, processions et autres manifestations religieuses sur la voie publique. Des peines d'emprisonnement sont prévues pour des irrégularités comptables qui, selon les termes de la loi de 1901, donneraient lieu à de simples amendes. Des peines de prison peuvent également être appliquées à tout ministre du culte qui, dans l'exercice de ses fonctions, se rendrait coupable d'actes «pouvant compromettre l'honneur des citoyens», termes délibérément vagues. De plus, le simple engagement de poursuites judiciaires pourra, avant même tout jugement correctionnel, entraîner la fermeture ou la confiscation des édifices religieux attribués aux associations cultuelles. Enfin, celles-ci devront faire des déclarations annuelles des réunions qu'elles comptent tenir et une déclaration spécifique pour toute réunion non prévue (ce qui multiplie les occasions d'ingérence).

Une autre laïcité, la loi du 9 décembre 1905

Le projet de Combes n'est pas antireligieux mais il manifeste la logique extrême du régalisme républicain se méfiant de l'institution religieuse. Lors d'un discours à Tréguier (patrie de Renan), le président du Conseil avait précisé sa position: «Nous ne nous attaquons pas à la religion mais à ses ministres. [...] L'ennemi de la religion c'est le ministre du culte» (cf. G. Merle, 1995, 307). Un anticléricalisme aussi virulent n'est pas partagé par tous les républicains, loin de là. L'Association nationale des libres-penseurs de France désavoue le texte. Certes, elle commence par critiquer quelques dispositions plutôt libérales (moins cependant que celles contenues dans la loi de 1905), mais c'est pour mieux dénoncer ensuite l'«arbitraire administratif» et les «tracasseries policières» que son application provoquerait (*Le Siècle*, 27 novembre 1904). La commission parlementaire, à la suite d'un vote serré (13 voix contre 12), refuse de retirer son propre avant-projet et charge Briand de négocier avec Combes. Mais celui-ci ne tarde pas à démissionner quand éclate l'«affaire des fiches». Il s'agit d'un système de délation – mis en place sous Waldeck-Rousseau – permettant la surveillance, avec l'aide de loges maçonniques, de la vie privée des officiers: leur carrière se trouvait freinée ou accélérée suivant qu'ils faisaient ou non acte de catholicisme.

Combes parti, le travail de la commission parlementaire sert de base à la discussion des articles de la future loi de séparation des Églises et de l'État. La loi est définitivement adoptée le 9 décembre 1905. Nous n'avons pas besoin de retracer longuement les débats parlementaires à son sujet. Ils forment l'armature de l'excellent ouvrage de Jean-Marie Mayeur (1991) et sont aussi largement évoqués dans d'autres très bons livres (cf. Jean Boussinesq, 1994, 29 *sq.*). Nous allons donc nous borner à quelques rappels indispensables.

D'abord un changement impressionnant de ton. Dans les années 1902-1904 domine l'idée «d'une République coexistante à un combat. C'était l'idée de Combes. Sa politique est une politique de guerre» (G. Merle, 1995, 272). Cette optique induisait un engrenage où, parfois, Combes lui-même apparaissait trop modéré, «tout juste bon à manger un capucin ou une bonne sœur» (*ibid.*, 332). Ainsi, en 1903, les processions de la Fête-Dieu donnent lieu à des affrontements violents, avec un mort et des blessés. Un tract appelle les «républicains» à «empêcher [leurs] femmes et [leurs] enfants de se rendre à la mascarade cléricale». Un leader socialiste (Allemagne) précise: «Nous avons eu trois républiques, nous en avons laissé étrangler deux et la troisième est sur le point de l'être» (cf. M. Lagrée, 2002, 152). Briand, lui, affirme le 6 avril 1905 à la Chambre: «J'ai horreur de la guerre religieuse. Le succès de mes idées, leur réalisation dépend trop de la pacification des esprits pour que je ne désire pas de ne pas voir l'Église [catholique] s'accommoder du régime nouveau. [...] Il y a des catholiques qui ont examiné le projet et n'ont pas hésité à reconnaître que l'Église pourra demain comme hier vivre et se développer.» Et deux semaines plus tard, ce même Briand met les partisans de la séparation face à leurs responsabilités: «Quel est le but que vous poursuivez? Voulez-vous une loi de large neutralité susceptible d'assurer la pacification des esprits [...]? Si oui, faites que cette loi soit franche, loyale et honnête. Faites-la telle que les Églises ne puissent y trouver aucune raison grave de bouder le régime nouveau, qu'elles sentent elles-mêmes la possibilité de vivre à l'abri de ce régime [...]; car le pire qui pourrait arriver serait de déchaîner dans ce pays les passions religieuses.»

Ensuite, la loi votée compte trois articles essentiels. L'article 1er déclare: «La République assure la liberté de conscience. Elle garantit le libre exercice des cultes.» Les seules «restrictions» sont prises «dans l'intérêt de l'ordre public». Des mesures de police sont énoncées (de l'article 25 à l'article 36): elles sont très différentes du projet de Combes et en reviennent au droit commun. Les moyens de pression dont disposait le gouvernement (nomination, recours pour abus, etc.) disparaissent. Le pape va nommer quatorze évêques, dès le début de 1906. Les évêques vont se réunir en assemblée épiscopale en mai, ce qu'ils n'avaient jamais pu faire pendant toute la période concordataire. Les protestants réformés retrouvent leurs synodes (un seul avait été autorisé, en 1872). Et les cultes non reconnus, à l'histoire tourmentée (cf., pour les baptistes, S. Fath, 2001), passent d'un régime de tolérance (où ils étaient sous l'épée de Damoclès des articles 291 à 294 du code pénal) à un régime de liberté.

L'article 2 de la loi affirme que « la République ne reconnaît, ne salarie ni ne subventionne aucun culte », ce qui supprime du budget de l'État, des départements et des communes « toute dépense relative à l'exercice des cultes ». Une exception est cependant faite : « les dépenses relatives à des exercices d'aumônerie [...] dans les établissements publics tels que lycées, collèges, écoles, hospices, asiles et prisons ». Les Églises (= organisations religieuses) deviennent donc des corps constitués de droit privé. Les quatre « cultes reconnus » (catholique, luthérien, réformé, israélite) en vertu du Concordat et des Articles organiques (et du décret de 1808 régissant le culte israélite) ne le sont plus. Il faut noter que « l'interdiction de salarier ou de subventionner les cultes ne vise que les cultes eux-mêmes. La loi de 1905 ne concerne ni les associations (caritatives, culturelles, sportives, etc.) d'origine confessionnelle, ni les écoles » (J. Boussinesq, 1994, 39).

Certains résument la loi de séparation à ces deux articles. Pourtant, un troisième – l'article 4 – est peut-être le plus essentiel car il redistribue les cartes. Avec lui, il n'existe plus de face-à-face entre un camp catholique et un camp laïque, mais des (ré)conciliateurs et ceux qui veulent continuer à en découdre ou du moins, du côté laïque, estiment que les concessions sont trop lourdes. L'article 4 divise Buisson, le radical, et les socialistes Briand, Pressensé (qui en trouve la formulation) et Jaurès (qui le négocie avec certains députés et milieux catholiques). La position de Buisson et de ses amis ne manque pas de logique : puisque la République ne reconnaît aucun culte, elle n'a plus à se soucier des affaires internes de l'Église catholique. Si certains catholiques veulent profiter du changement de statut de leur Église pour se séparer de Rome, pour constituer un «catholicisme républicain», libre à eux. La République ne doit pas garantir à l'Église catholique le maintien d'une structure «monarchique» (pape, évêques, prêtres, fidèles) contraires aux idéaux démocratiques. Pourtant (même avec les nuances introduites par l'article 8) le fameux article 4 verrouille la situation et donne à l'Église catholique cette garantie. Il prévoit de transférer, un an après le vote de la loi, les bâtiments, dont les «établissements publics du culte» ont la responsabilité, aux «associations» qui se «[conformeront] aux règles générales du culte dont elles se proposent d'assurer l'exercice». Traduisons: les édifices religieux catholiques seront attribués aux seuls prêtres et communautés en communion avec l'évêque du lieu et avec Rome. Même majoritaire, une collectivité paroissiale ne pourra rompre ces liens. Briand précise: «Ces Églises ont des constitutions que nous ne pouvons pas ignorer; c'est un état de fait qui s'impose; et notre premier devoir [...] consiste à ne rien faire qui soit une atteinte à la libre constitution de ces Églises.» Les libres-penseurs ne sont pas les seuls à protester: le député protestant radical Eugène Réveillaud s'insurge de ce que l'article 4 «lie les tribunaux» au «maintien des décisions de la hiérarchie romaine [et] menace d'étouffer dans leur germe tout mouvement d'indépendance religieuse».

L'Église catholique «dans la légalité malgré elle»

À ceux, comme Charles Dumont, qui reprochent à Briand «d'immobiliser les dogmes et les disciplines» contre «l'esprit de liberté et d'évolution» et d'empêcher ainsi tout «groupe de fidèles [... d'] émanciper sa pensée», ce dernier réplique qu'il faut pacifier: «Vous voulez faire une loi qui soit braquée sur l'Église [catholique] comme un revolver? Ah vous serez bien avancés quand vous aurez fait cela! Et si l'Église [catholique] ne l'accepte pas votre loi? Si elle entre en révolte contre elle?» Pourtant, même avec l'article 4, c'est ce qui advient. Le pape nomme de nouveaux évêques, l'épiscopat se réunit, bref l'Église catholique utilise immédiatement les libertés nouvelles offertes par la loi, tout en refusant d'appliquer cette loi.

Mais l'opposition ne vient pas des évêques. Réunis en mai 1906, ils désavouent, sans surprise, le principe même de la séparation (72 non, 2 oui). En revanche, ils répondent positivement à la question : « Est-il possible d'instaurer des associations cultuelles à la fois canoniques et légales ? » (48 oui, 26 non). Le refus de la loi émane du pape et d'une partie des catholiques. Non seulement, en effet, Pie X condamne la dénonciation unilatérale du Concordat mais, dans l'encyclique *Gravissimo Officii* (août 1906), il impose aux catholiques de ne pas former d'associations cultuelles, associations qu'il décrit comme si l'article 4 n'existait pas !

Quant à l'opinion catholique, si certains intellectuels comme Brunetière comprennent fort bien que la loi est libérale, d'autres milieux estiment que ce libéralisme est un leurre. Pour eux, l'application de la loi sera « persécutrice ». Leur sentiment est conforté par la persistance de propos guerriers. Ainsi Édouard Herriot déclare au congrès du Parti radical de 1906 : « À l'heure où l'on fait tant d'efforts pour donner aux enfants une instruction pédagogique vraiment rationnelle, scientifique et normale, il est monstrueux qu'à côté de l'instituteur se trouve un homme autorisé à défaire d'un seul coup tout le travail accompli, en enseignant à l'enfant ce résumé d'absurdités, de contradictions, d'intolérances et de monstruosités intellectuelles qu'on appelle le catéchisme. » Et il en demande la suppression (cf. S. Bernstein, 1980, 52). Dans ce contexte, l'inventaire des biens des édifices cultuels – mesure réclamée au départ par les parlementaires catholiques – donne lieu, en certains endroits, à des affrontements. Un mort est à déplorer et les inventaires sont suspendus.

Mais les élections de mai 1906 ont constitué une victoire pour la majorité républicaine qui a réalisé la séparation. Elle revient renforcée d'une soixantaine de sièges. Relégitimé par le pays, le gouvernement, sous la direction de l'anticlérical Clemenceau (et avec Briand comme ministre des Cultes), va-t-il imposer l'application de la loi quand, un an après son adoption, elle doit être effective ? Cela semble d'autant plus nécessaire que l'article 4 n'a servi à rien, ce qui paraît donner raison à ses opposants.

Or, une nouvelle loi est votée le 2 janvier 1907 : les départements et les communes reçoivent la libre disposition des archevêchés, évêchés, presbytères qui sont leur propriété et dont la jouissance n'est pas réclamée par une association loi de 1905. Le clergé catholique demeurera dans les églises comme « occupant sans titre juridique ». Cinq jours plus tôt, Briand avait défini le but de la loi : « Mettre l'Église catholique dans l'impossibilité, même quand elle le désirerait d'une volonté tenace, de sortir de la légalité. Nous avons compris son jeu. Ce qu'elle demande, c'est la seule chose que nous sommes bien décidés à lui refuser : la persécution [...]. Quoi que fasse l'Église catholique, quels que soient ses arrière-pensées et ses désirs secrets, il lui sera impossible de sortir de la loi ; elle sera dans la légalité malgré elle » (cf. J.-M. Mayeur, 1991, 144).

Drôle d'État souverain, drôle de République qui, soi-disant, ne tiendrait aucun compte des groupements intermédiaires ! Existe-t-il un équivalent à semblable propos dans la longue panoplie des discours parlementaires ? Existe-t-il une autre loi dont le but explicite consisterait à empêcher un groupe de rester dans l'illégalité où il se serait volontairement placé ?

Briand garde donc le cap. Il avait d'ailleurs annoncé la couleur : « En cas de silence des textes ou de doute sur leur portée, c'est la solution libérale qui sera le plus conforme à la pensée du législateur » (cf. M. Reville et L. Armbruster, 1906, 33). Mais à l'irénisme extrême de la loi du 2 janvier 1907, Pie X répond en accentuant son intransigeance : « On a déclaré la guerre à tout ce qui est surnaturel », écrit-il le 6 janvier aux catholiques français. Il ajoute qu'il est « probable » que « des épreuves plus dures » que celles connues jusqu'alors les attendent. Et il conclut : « Nos ennemis [...] veulent détruire l'Église [catholique] et déchristianiser la France [...] sans que le peuple y prenne trop garde. » Quant aux évêques, après une nouvelle assemblée, ils affirment : « Nous consentirons *[sic]* à faire l'essai d'une organisation du culte public», mais à condition qu'un «contrat administratif» soit passé entre préfets ou maires d'une part, évêques ou curés de l'autre, et qu'ils puissent introduire dans ce contrat des «garanties» nouvelles.

Consentir à s'insérer dans la légalité à condition que... alors qu'on bénéficie déjà d'une loi d'exception positive, ces propos sont pris – bien sûr – par nombre de républicains comme une véritable provocation. Mais les «difficultés» imprévues ne viennent-elles pas du fait que Briand ne s'est pas montré assez ferme ? Jaurès lui reproche son «optimisme». Clemenceau se démarque de lui en dénonçant, à la Chambre, «cet ultimatum insolent, inadmissible, des évêques». Bref, la coupe est pleine ! Briand se sent lâché par ses amis ; il quitte alors la séance et met en jeu sa démission. Jaurès et Clemenceau le rappellent. Le premier indique que «la politique générale du parti républicain [ne peut pas] être livré à la merci d'incidents de séance et de mouvements de lassitude». Le second dit à Briand son «respect», son «admiration» et exprime ses «regrets» de l'avoir «blessé». Briand et sa politique sont saufs. Mais le boulet est passé tout près !

Restait un dernier problème : si la majorité des édifices du culte avaient été mis à la «disposition de la nation» en 1789 (biens nationaux) et servaient, depuis 1802, à l'exercice public du culte, d'autres étaient la propriété des menses, fabriques, paroisses et consistoires. Les édifices du culte qui étaient propriété publique le restaient et se trouvaient mis gratuitement à la disposition des associations cultuelles (ou de la communauté de fait, en l'absence d'association). Les autres édifices devenaient propriétés des associations cultuelles et c'est ce qui advint pour les cultes protestants et israélite, puisque des associations de ce type furent effectivement formées. Mais, les autorités catholiques ayant refusé de créer des associations cultuelles, il était impossible de remettre à qui que ce soit les édifices qui étaient la propriété des fabriques. La loi du 13 avril 1908 résout le problème en prévoyant l'attribution, par décret, des biens non réclamés aux communes. Et son article 5 précise : «L'État, les départements et les communes pourront engager les dépenses nécessaires pour l'entretien et la conservation des édifices du culte dont la propriété leur est reconnue par la présente loi»... et qui seront utilisés pour la messe et autres offices religieux.

Avoir la jouissance gratuite sans avoir à payer les réparations cumule tous les avantages. Or «cette possibilité n'existe [naturellement] pas pour les édifices du culte, qui sont devenus, conformément à la loi de 1905, propriété des associations cultuelles», écrit Alain Boyer (1993, 128), qui ajoute: les religions qui se sont conformées à la loi de 1905 «se trouvent ainsi de fait désavantagées» par rapport au catholicisme qui ne l'a pas respectée. Ajoutons que les religions qui sont arrivées dans l'Hexagone après 1905 se trouvent encore plus désavantagées !

VII

De l'État régalien au dépassement du cadre étatique

«Crise de l'État», «fin de l'État-nation»: les articles, voire même les ouvrages, sur ces thèmes se multiplient. Qu'en est-il, vu de notre observatoire? Proposons un plan en trois étapes, recoupant les trois seuils de laïcisation définis au chapitre IV. Le premier seuil correspond à l'État libéral républicain émancipateur. Le deuxième seuil, à partir des lois de 1905 à 1908, se trouve en affinité avec l'État démocratique protecteur. La période du troisième seuil, celle que nous vivons, apparaît bien davantage comme celle d'un État gestionnaire et régulateur, plus ou moins écartelé entre des revendications de droits fondamentaux et des demandes sécuritaires.

Nous avons déjà traité de l'action de l'État avant 1905. Malgré les «oscillations» dont parle Buisson, l'État français est libéral depuis 1815. Il devient républicain lors des années 1870. À partir de 1830, avec l'adoption définitive du drapeau tricolore, il se réfère symboliquement aux idéaux de 1789, à la Révolution française… libéralisée. Personne parmi les gouvernants n'envisage de recommencer la Terreur. Malgré tout, il importe de percevoir que le drapeau tricolore est un drapeau laïque; un pouvoir qui s'en réclame n'a pas de fondement religieux. Quand certaines forces politiques tentent de rétablir la monarchie, au début de la IIIe République, l'entreprise est gelée à cause de l'attachement du comte de Chambord au drapeau blanc. Il ne s'agissait pas d'un entêtement stupide, mais de la défense d'un certain type de légitimité politico-religieuse.

La Première révolution anglaise se fonde déjà sur l'idée de «progrès» (cf. J. Baubérot - S. Mathieu, 2002, 41 *sq.*). Mais ce progrès reste englobé par un idéal religieux. Au contraire, dans la Révolution française, « pour la première fois, le cadre eschatologique de l'époque chrétienne, la croyance dans la destruction du passé et la création d'un nouvel âge de vertu, apparaissent complètement sécularisés ». Ils sont « transformés en une croyance dans les pouvoirs de l'homme pour fabriquer de ses propres mains un monde supérieur » (J. Goldstone, 1989, 405 *sq.*). Tout État revendiquant le drapeau tricolore se légitime peu ou prou à partir de cette croyance. Et comme, en France, l'État précède la nation (L. Greenfeld, 1992, 86 *sq.*), il doit mener une tâche « émancipatrice », être l'agent du progrès. C'est à ce titre qu'un anticléricalisme d'État a lutté contre les congrégations, écornant au passage les droits de l'homme. C'est également à ce titre que la modernisation du pays a été entreprise, dès le Second Empire. Et naturellement une réforme fondamentale comme l'obligation de l'instruction et la laïcisation de l'école publique constitue une partie intégrante de cette action « émancipatrice ».

L'État émancipateur est également, il ne faudrait pas l'oublier, un État qui accorde davantage de libertés. La IIIe République a adopté différentes lois allant dans ce sens. Dès 1881, deux lois fondamentales sont votées : la loi sur la presse, qui soustrait les périodiques à l'action administrative (et donc supprime le délit d'opinion), et la loi sur les réunions publiques, qui remplace la nécessité de l'autorisation préalable par une simple déclaration préalable (elle permet de s'assurer, par exemple, de la salubrité du local). Lors de la discussion parlementaire sur l'école, Jules Ferry peut affirmer, sans craindre d'être démenti, que le catholicisme français « n'a jamais joui d'une plus grande liberté de prédication et de propagande » (cf. J. Baubérot, 1997, 69). De fait, comme le reste de la population, il bénéficie de ces deux lois.

D'autres lois, que le catholicisme a considérées comme polémiques à son égard (et certains historiens ne se démarquent pas assez de ce jugement de valeur), sont fondamentalement des lois libérales, augmentant la liberté des minorités religieuses et des « indifférents » en matière de religion. Ainsi, la loi de 1880 sur les cimetières et la loi de 1884 sur le divorce. Même la loi de 1901 sur les associations est beaucoup plus ambivalente, au regard de la liberté de religion, qu'il ne semble au premier abord. Certes, elle est déjà une loi d'exception pour les congrégations. Mais, dans la foulée des lois des années 1880 (et, notamment, de la suppression du délit d'association en 1884), elle a favorisé l'essor d'associations catholiques. Avant et après la séparation émerge tout un tissu associatif catholique : il sera un des principaux facteurs de la vitalité du catholicisme français au XXe siècle. Malgré les limitations qu'elle lui apporte, la République reste le vecteur historique du développement de la démocratie en France.

Une rupture laïque avec le régalisme, jamais intégrée

La séparation des Églises et de l'État a, à cet égard, valeur de test. Elle fut opérée, nous l'avons vu, de façon démocratique et libérale, les projets autoritaires (celui de Combes, mais aussi d'autres projets antérieurs) ne l'ont pas emporté. Ajoutons que dès 1906, sous l'impulsion d'Aristide Briand, la lutte anticongréganiste se calme. L'application de la loi de 1901 a été d'autant plus rude qu'elle s'est trouvée rapidement entre les mains de Combes, celle de la loi de 1904 a paradoxalement eu moins d'effets car Briand a toléré son contournement (J.-D. Durand, 2004). Et, malgré la demande du Parti radical, la liberté de l'enseignement ne fut pas supprimée.

Du tournant de 1905-1908, nous pouvons retenir deux conséquences. La séparation des Églises et de l'État ne constitue pas une simple rupture, mais une « double rupture » : rupture avec la tradition de « l'établissement de l'Église dans la société politique » ; rupture avec « la tradition régalienne selon laquelle l'État régentait les choses religieuses : tradition datant de fort loin, qui avait inspiré les articles gallicans de Louis XIV comme les Articles organiques de Napoléon Ier » et « la Constitution civile du clergé » (1790) (J. Boussinesq, 1994,

50). Mais cette seconde rupture, obtenue à l'arraché par Briand, ne s'est pas accompagnée d'une mutation idéologique de fond dans l'ensemble du camp laïque. Maryline Guitton (1998) a trouvé des « Notes » du bureau des Cultes en 1917 et 1921 regrettant « l'erreur commise » par l'adoption de « la loi de 1905 [...] loi anti-laïque » *(sic)*. Inutile de dire qu'ici la laïcité est comprise comme un contrôle de l'État sur la religion.

Jaurès, qui avait suivi Combes sur le dossier des congrégations (d'où sa rupture avec Péguy), a eu l'intelligence politique d'accompagner Briand lors de la séparation. Il a donné une double explication de sa nouvelle attitude : réaliser une séparation pacificatrice pour pouvoir, enfin, donner priorité à la question sociale ; parier sur un avenir où le catholicisme opérera sa mutation interne. Mais ses adversaires laïques n'entendent pas ses arguments. Clemenceau est particulièrement véhément : une « coalition monstrueuse » s'est formée pour courber les républicains « sous la férule de Jaurès et le goupillon de M. de Mun » (un catholique contre-révolutionnaire), tonne-t-il au moment de l'article 4. Pour lui, « Jaurès mériterait d'être canonisé » (G. Baal, 1999, 25). Et, faute d'avoir pu réaliser la séparation dont ils rêvaient, les laïques intransigeants vont se replier sur l'école, sur la forteresse scolaire.

L'école va constituer le noyau dur d'un républicanisme antilibéral. Le monopole continuera à être revendiqué. Et là, Jaurès n'y sera pas opposé en principe ; il repoussera simplement la réalisation à un « après ». Quand les classes seront moins « surchargées », quand la « médiocrité du salaire » ne nuira plus à la « qualité du recrutement », alors il sera temps de songer au monopole. Inutile de préciser que ce temps-là n'est jamais advenu.

La République démocratique a politiquement gagné. Il est moins sûr qu'elle l'ait idéologiquement emporté sur les partisans d'une laïcité « autoritaire » à la Lintilhac. Cet écart entre le politique et l'idéologique va perdurer dans la longue durée. L'exemple de Clemenceau, laïque plutôt intransigeant qui, ministre de l'Intérieur, arrête les inventaires et, président du Conseil, assume bon gré mal gré la politique laïque de Briand, montre que la conciliation laïque pouvait être réduite à un pragmatisme politique. Un « compromis » : c'est encore de cette façon plate que bien des historiens parlent de la séparation. Les propos de Briand et de Jaurès comportent, eux, une vision d'avenir. Ils instaurent un « pacte laïque » au cœur du pacte républicain (J. Baubérot, 1990, 2003, 90 *sq.*). Mais ils sont davantage audibles aujourd'hui qu'à l'époque où ils ont été prononcés. Le rétrécissement interprétatif par le recours au compromis a prévalu. Mais pour les militants le compromis n'est pas loin de la compromission !

La mémoire laïque dominante effectue un tour de passe-passe pour éviter toute remise en cause. La séparation elle-même étant l'aboutissement de ses vœux les plus chers, elle évite d'en dire du mal, de reconnaître qu'elle n'a pas correspondu à ses désirs. L'ère des compromissions est donc venue tout de suite après ; à peine la séparation faite, la « reconquête cléricale » a commencé (J. Cornec, 1965, 127). Il est possible de se demander si l'idéologie laïque dominante a jamais vraiment compris et intériorisé la philosophie de la loi de 1905. Si cette hypothèse est juste, cela explique en partie la crise de la pensée laïque. En partie car, si l'idée de la « reconquête cléricale » est fausse comme explication globale, il serait abusif de prétendre qu'elle n'a aucun degré de validité. Ainsi, frustrés d'une séparation « persécutrice », les catholiques intransigeants s'en prennent de nouveau à l'école laïque, dès 1907 (Ch. Amalvi, 1979). Les durs des « deux France » ne veulent pas la pacification.

Première mondialisation et empire colonial

L'idéologie porteuse de l'État républicain, de la morale laïque, a été « la civilisation en marche », « le progrès ». Au début du XXe siècle, on estime que le siècle précédent, le XIXe, a constitué « le grand siècle du progrès » et que l'on est désormais arrivé à une sorte d'établissement du progrès. Certes, le XXe siècle améliorera encore la situation – personne ne peut prévoir la barbarie des deux guerres mondiales et des guerres avec les pays colonisés –, mais la mission du siècle nouveau apparaît différente car il n'y aura plus un bond en avant aussi considérable qu'au XIXe siècle. «La France, écrit un économiste, a déjà mis en œuvre les ressources de la nature : chez elle il n'y a plus grand-chose à créer. Elle n'a plus de chemin de fer à construire, plus de ville à éclairer ou à fournir de tramways, elle n'a plus guère de nouvelles richesses du sol à découvrir ou à exploiter» (M. Brion, 1912, 82). Ni le TGV, ni le développement du transport aérien, ni l'énergie nucléaire, ni les biotechnologies ne sont alors pensables...

Si la France approche les sommets du progrès, beaucoup reste à réaliser ailleurs. La période de 1870 à 1914 est celle d'une «première mondialisation» (S. Berger, 2003). Les Français investissent beaucoup de capitaux dans l'immense Empire russe. Ils investissent également en Amérique latine. Ils ne s'intéressent réellement aux colonies qu'après 1930. Jusque-là, les aspects idéologico-politiques priment. Il serait d'ailleurs intéressant d'analyser les liens ambigus mais étroits entre république et empire. Les deux premières Républiques ont donné naissance au Premier et au Second Empire. Certes avec des coups d'État, mais dont les auteurs se trouvaient déjà en position légitime de pouvoir. La IIIe République a construit un empire à l'extérieur. La IVe mourra faute d'avoir réussi à se défaire de cet empire. La Ve ne semble plus liée à l'empire, encore que l'identité républicaine se ressoude parfois dans l'opposition à l'empire américain. Il faudra bien, un jour, traiter le sujet «empire et laïcité» !

Faute de pouvoir le faire ici, indiquons seulement quelques pistes. Les études sur l'Algérie et la séparation se développent actuellement. Les travaux d'Anna Bozzo (1996) ont montré que l'islam ne fut pas séparé de l'État pour que les biens *habous*, dont les revenus assuraient l'entretien et l'exercice du culte musulman et qui furent progressivement confisqués, ne soient pas restitués, et aussi pour que les diverses élites soient contrôlées. Des indemnités de fonction se substituèrent partiellement aux traitements des prêtres catholiques, car en Algérie «Marianne et Marie sont unies pour la gloire de la France» (O. Saaïda, 2004). En Afrique noire et à Madagascar, diverses solutions ont prévalu, mais partout la France a partie liée avec les missions catholiques. Face aux Africains, malgré les critiques de certains maçons, on estime généralement que ces missions apportent les « bienfaits de la civilisation ». Elles exercent, de fait, un rôle de suppléance face aux défaillances de l'État. En 1905, en Afrique-Équatoriale française (A.-É.F.), il existe trente-trois écoles missionnaires et deux écoles publiques. Face à la « perfide Albion » (l'Angleterre), on défend les missionnaires catholiques français contre les missionnaires protestants britanniques.

Solidarité laïque et République sociale

Mis à part l'épisode dramatique de Vichy, induit par la défaite et l'occupation, la république ne constitue plus un enjeu politique en tant que régime, tout au long du XXe siècle. En revanche, il existe un lien fort, et pas assez connu, entre la laïcité républicaine et la protection sociale.

On oublie trop souvent qu'à la fin de 1789, quand la banqueroute menace, les députés décrètent que « tous les biens ecclésiastiques sont à la disposition de la nation ». L'extension de la propriété privée (considérée comme « sacrée » par l'article final de la Déclaration des droits) s'effectue au détriment de l'Église catholique. Par le Concordat, le pape avalise et rend irréversible cette spoliation. La laïcisation française comporte donc cet aspect essentiel, généralement rejeté dans l'impensé : le conflit fondateur de la France moderne, entre l'Église catholique et l'État-nation, a permis de réaliser une alliance (relative et, historiquement, en zigzag) entre une certaine bourgeoisie urbaine et une partie de la classe rurale. Un nombre consistant de ruraux sont devenus petits et moyens propriétaires. Les deux grandes mesures de stabilisation sociale prises par Bonaparte sont l'établissement du système « Concordat - cultes reconnus » et la protection de la propriété foncière dans le Code civil, avec l'établissement du cadastre.

Domine alors, dans toute l'Europe, une « modernité libérale restreinte » (P. Wagner, 1996). Très restreinte même, elle est fondée sur une triple exclusion : en Occident, les femmes et les classes populaires « dangereuses » ; hors de l'Occident, l'ensemble des populations. L'individu libre type est le « père de famille » propriétaire. La propriété privée induit la sécurité nécessaire à l'action libre. Le suffrage censitaire est fondé sur cette idée, qui provient des Lumières. Mais la France s'en écarte en établissant, dès 1848, le suffrage masculin (dit suffrage universel).

La laïcité républicaine a insisté sur l'importance de l'instruction d'abord à cause de cette transgression culturelle et politique. Un Jean Macé, fondateur de la Ligue de l'enseignement, est très représentatif des milieux républicains laïcisateurs : il faut éduquer, civiliser le peuple pour que le suffrage masculin ne tourne pas à la catastrophe, comme cela a été le cas avec la mise sur orbite du prince-président Louis Napoléon Bonaparte. Milner (1984) a raison de penser qu'en France la liberté a partie liée avec le savoir. Mais, contrairement à ce qu'il croit, il ne s'agit pas d'un « pur savoir », mais d'un savoir acculturé aux idéaux idéologiques républicains, ce qui est bien différent. Et qui a d'ailleurs produit de l'inventivité, de la créativité...

Reste le fait que la propriété permet la liberté, en jouant un rôle d'assurance sociale face aux aléas de la vie. Comment alors rendre libres les non-propriétaires ? Inspiré par sa femme, Alfred Fouillée (1884), un des fondateurs de la doctrine laïque de la solidarité, propose d'instaurer une « propriété sociale », une rente collective, qui puisse jouer un rôle équivalent à la propriété privée. Le salaire doit être complété par une assurance qui va constituer une garantie pour permettre, si besoin est, de disposer d'un « minimum de propriété », essentiel a tout citoyen libre.

Au début du XXe siècle, on a l'illusion que prendre « le milliard des congrégations » va permettre de financer les retraites ouvrières. Espoir déçu ! Mais Jaurès finit par souhaiter une séparation libérale pour que la « démocratie puisse se donner tout entière à l'œuvre immense et difficile de réforme sociale et de solidarité humaine que le prolétariat exige» (*La Dépêche du Midi*, 15/08/1904). Et en 1910, si la loi sur les retraites ouvrières et paysannes ne touche certes pas tous les ouvriers et paysans, elle concrétise cette idée d'une nécessaire solidarité pour assurer la liberté citoyenne.

«La place de l'État a été centrale dans la mise en place de ces dispositifs [de retraite et d'assurance sociale]», nous dit Robert Castel (2003, 32). Le développement de l'État social est strictement coextensif à l'expansion des protections. Dans son rôle social, l'État opère essentiellement comme un réducteur de risque. Par l'intermédiaire des obligations qu'il impose et garantit par la loi, on en vient ainsi à ce que «l'État soit lui-même une vaste assurance». Se construit par là même une sorte de troisième voie entre capitalisme et socialisme (L. Loeffel, 2000, 130 *sq.*). Elle va se poursuivre durant les trois quarts du XXe siècle, en s'accélérant à partir de 1945 et des Trente Glorieuses. Cette «troisième voie» est en crise depuis la fin des Trente Glorieuses et la nouvelle mondialisation libérale.

Elle visait à répondre à certaines revendications socialistes qui fragilisaient la morale laïque (M. Agulhon, 1996, 265). N'oublions pas que le Front populaire a signifié la possibilité d'un gouvernement socialiste soutenu par les communistes, dans un pays qui reste démocratique. Peut-être la mise en œuvre, partielle au demeurant, de la doctrine laïque de la solidarité a-t-elle aidé la République à tenir jusqu'à la défaite. En Allemagne, en Italie, les revendications sociales ont été portées par le national-socialisme et le fascisme. Et cette troisième voie a favorisé aussi un relatif rapprochement des «deux France». La morale laïque de la solidarité et la tradition du catholicisme social ont convergé, même si elles ne se sont pas rejointes.

Le lien maintenu entre laïcité, école et médecine

En 1946, la République devient constitutionnellement laïque en même temps qu'indivisible, démocratique et sociale. La

Constitution intègre – enfin ! – la Déclaration des droits de 1789. Elle l'actualise par des droits programmatiques (déjà amorcés en 1848 ; nous avons vu par ailleurs l'importance du socialisme utopique dans l'émergence de l'idée de solidarité). Les droits à « la protection de la santé, la sécurité matérielle, le repos, les loisirs » se trouvent notamment garantis à tous et particulièrement « à l'enfant, à la mère et aux vieux travailleurs ». Ambivalence de la situation : la femme est « mère », l'homme est « travailleur » (et plus individualisé, puisque les « vieux travailleurs » sont au pluriel) alors même que, nouveauté, « la loi garantit à la femme, dans tous les domaines, des droits égaux à ceux de l'homme ». Chacun le sait, il y a loin de la coupe aux lèvres. Mais désormais le principe de l'égalité des droits des deux genres est clairement posé. Enfin, dans cette nouvelle Déclaration française des droits, un devoir des citoyens se trouve inclus : chacun « a le devoir de travailler ».

Significativement, les initiatives prises alors pour réaliser ces nouveaux droits montrent deux forces à l'œuvre (la solidarité laïque et le catholicisme social). La Confédération française des travailleurs chrétiens (CFTC) s'engage plus particulièrement dans les allocations familiales. La Confédération générale du travail (CGT) et, après la rupture, les membres de Force ouvrière (FO), deux syndicats liés à une tradition laïque, s'investissent dans le développement de la Sécurité sociale, créée à ce moment-là (et ce n'est pas par hasard !).

Mais une tension interne taraude, depuis lors, la société française : que vise la mise en œuvre de la solidarité ? Non à construire une société d'égaux (les différences, les hiérarchies peuvent légitimement subsister), mais une « société de semblables » (L. Bourgeois, 1896). Si « le rôle protecteur de la retraite est fondamental [...], les pensions de retraite suivent assez strictement la hiérarchie salariale » (R. Castel, 2003, 34). Il en est de même pour le chômage. En revanche, pour l'école et la médecine (piliers symboliques de la laïcité) fleurit alors l'utopie d'une société d'égaux. Pour l'assurance maladie de la Sécurité sociale, le ticket modérateur apparaît comme une carence temporaire due aux difficiles conditions économiques de l'après-guerre. La médecine gratuite est l'idéal vers lequel on doit tendre. Pour l'enseignement, le préambule de la Constitution affirme : l'« enseignement public gratuit et laïque à tous les degrés est un devoir de l'État ». Le mot d'ordre de l'égalité des chances ne va pas tarder à apparaître. Mais, malgré l'utopie, la logique du marché est toujours restée essentielle dans le domaine médical et pharmaceutique. Elle n'a jamais été complètement absente dans le domaine scolaire : les livres scolaires constituent une cible de choix pour les éditeurs. Et, aujourd'hui, le marché envahit l'école.

Comme les années 1970 marquent une rupture pour l'école, « l'entrée dans une période de crise économique, à partir du premier choc pétrolier, a pour conséquence la dégradation de la situation financière des systèmes de protection sociale ». Dans divers pays européens, « une logique d'action publique en matière de protection maladie, orientée vers l'élargissement de la couverture des soins de la population », va progressivement céder la place à « une logique à dominante économique, orientée vers le contrôle et la limitation des dépenses de santé »... sans pour autant y parvenir. Selon l'OCDE, les dépenses de santé, qui constituent 5,9 % du PIB en 1970, grimpent à 9,9 % en 1995. Dans la décennie 1985-1994, le rapport du taux de croissance des dépenses de santé au taux de croissance du PIB est de 1,90 (contre 1,26 en Allemagne) (P. Hassenteufel, 1997, 204, 349 *sq.*). Étant donné l'importance de la médecine en France dans la légitimation d'un État-nation laïque, d'un État émancipateur au XIXe siècle et d'un État protecteur au XXe siècle, la crise de la médecine a forcément des résonances bien plus fortes en France que dans d'autres pays européens.

Une mesure laïcisatrice : la libéralisation de l'IVG

Cette progression de la part de PIB consacrée à la sphère médicale semble liée à la progression de la médecine de pointe (mais l'action de la médecine serait-elle nettement moins performante en Allemagne qu'en France ?). Et cette fascination de la médecine de pointe, largement véhiculée par les médias, est corollaire d'une demande sécuritaire accrue tous azimuts. Pourtant, dès les années 1970, la revendication de droits fondamentaux atteint le domaine médical et, à travers lui, elle met en cause un État qui n'apparaît plus émancipateur, semble beaucoup moins protecteur et finalement est perçu comme un État gestionnaire et régulateur.

La loi sur l'interruption volontaire de grossesse de janvier 1975, après la loi sur le contrôle des naissances de décembre 1967, peut-être considérée *a priori* comme une loi laïcisatrice : elle opère une dissociation entre des normes religieuses et la législation civile. Pourtant cet aspect laïcisateur se trouve peu mis en avant et même peu ressenti.

Le combat pour pouvoir disposer librement de moyens modernes de contrôle des naissances, dans une France où les pratiques contraceptives ont des conséquences démographiques depuis le début du XIXe siècle, s'était développé au cours des années 1960. Les résistances proviennent évidemment de milieux natalistes. Elles sont dues aussi à des raisons convictionnelles. L'opposition de l'Église catholique (réaffirmée en 1961) et du Parti communiste brouille les cartes. Mais peut-être cela montre-t-il simplement qu'il s'agit alors, dans les deux cas, d'organisations de type religieux ! En tout cas, le Mouvement pour la maternité heureuse, devenu ensuite le Planning familial, veille soigneusement à ne pas apparaître comme anticlérical. Cela semble d'autant plus possible qu'arrivent les années du concile et de l'*aggiornamento*. Mais, comme lors de la laïcisation des années 1880, les laïcisatrices (et laïcisateurs) du Planning comptent dans leurs rangs un nombre significatif de protestants et de juifs.

La loi libéralisant le contrôle des naissances est adoptée le 28 décembre 1967, soit quelques mois avant l'encyclique *Humanae Vitae* (juillet 1968) qui, à la surprise presque générale, désavoue les procédés techniques de contrôle des naissances. Il semble que le pape Paul VI n'ait pas voulu donner raison aux évêques anglicans (favorables à ces méthodes dès

1930) contre ses prédécesseurs. Une semaine après *Humanae Vitae*, un centre portant ce nom est fondé. Ce n'est cependant pas cette association qui va se trouver en première ligne de la lutte contre le droit à l'avortement. Le combat est mené par l'association «Laissez-les vivre», créée à la fin de 1970 et se voulant aconfessionnelle, même si beaucoup de catholiques s'y investissent (notamment le professeur de génétique fondamentale Jérôme Lejeune et le juge Jean-Bernard Grenouilleau).

Laissez-les vivre mène une polémique très dure: la «liberté d'abaissement» que constitue la «liberté d'avortement» conduit à la «liberté de meurtre»: «Chacun pourra forniquer librement, sans retenue et sans remords, en promettant au four crématoire le fruit de ses exploits érotiques» (cf. J.-Y. Le Naour - C. Valenti, 2003, 227). Mais l'autre bord n'est pas en reste et le Mouvement de libération des femmes (MLF) saccage, début 1971, les locaux de Laissez-les vivre.

Si des catholiques mettent en avant leurs compétences professionnelles de médecins ou de juristes pour mieux militer contre l'avortement, d'autres vont faire explicitement appel à leur appartenance chrétienne pour défendre une position bien différente. En janvier 1972, on débat sur «l'avortement et le respect de la vie humaine» au Centre catholique des médecins français. Certains, après avoir affirmé que «la persistance des interdits catholiques joue un rôle important dans les hésitations actuelles du gouvernement français», contestent la position officielle de leur Église. Le père Philippe Roqueplo, dominicain, déclare qu'«il est douteux que la vie de l'embryon soit une vie humaine» (*ibid.*, 233). Le professeur Paul Milliez, qui s'affirme ouvertement catholique et personnellement opposé à l'avortement, défend publiquement sa possibilité juridique. Un blâme du conseil de l'Ordre des médecins ne l'empêche pas de dire publiquement: «J'ai aidé» de nombreuses jeunes filles de 14-15 ans à avorter, «surtout des gamines enceintes de leur père» (cf. Y. Knibiehler - C. Fouquet, 1983, 284).

Milliez témoigne au procès de Bobigny, dont l'avocate Gisèle Halimi et son association Choisir font une tribune pour changer la loi. Le MLF récuse ce témoignage, non pas parce que Milliez est un catholique militant mais parce qu'il s'agit d'un homme et d'un médecin. À ses yeux, et à ceux du Mouvement pour la liberté de l'avortement et de la contraception (MLAC), il faut « libérer les femmes du capitalisme, des hommes, des médecins », car « le torchon brûle ». À l'argument que « les riches » vont avorter à l'étranger, le ministre de la Justice, Jean Foyer, rétorque : « Les vices des riches ne doivent pas devenir les vices des pauvres. » Citation très intéressante : qui oserait parler ainsi aujourd'hui ?

L'élection d'un nouveau président de la République – Valéry Giscard d'Estaing – en mai 1974 et la nomination de Simone Veil comme ministre de la Santé vont entraîner – on le sait – le vote d'une loi (15 janvier 1975) permettant l'IVG sous certaines conditions. Les débats à la Chambre sont passionnels. Mais la présence dans la loi d'une clause de conscience, qui permet aux médecins opposés à l'avortement de ne pas le pratiquer, désamorce une opposition catholique frontale. Cette mesure, qui complique l'application de la loi, montre que le respect de la liberté de conscience comporte aussi ses contraintes et que l'avortement reste différent de la contraception. On peut faire le choix de la liberté de la femme sans oublier qu'un embryon d'être humain est supprimé. Ici comme ailleurs adopter une démarche dialectique permet d'appréhender la complexité du problème.

Un conflit déjà emblématique d'un nouveau seuil de laïcisation

Ce conflit nous semble emblématique dans le sens où il montre le passage d'une dominante de laïcisation classique à un cas de figure où la laïcisation s'opère aussi par le jeu de la sécularisation. Dans le triangle formé par l'État, la société civile et l'Église catholique, la société civile est devenue le lieu du conflit social. Nous ne retrouvons plus le conflit des « deux France » avec, face à face, l'État émancipateur et les partisans d'une France catholique. Bien sûr, dès ce moment, les deux forces ne se situaient pas sur le même plan. Mais l'État lui-même constituait un enjeu, ce qui n'est plus le cas dans les années 1970.

En ces années-là, l'État hésite. Certes, la droite est au pouvoir mais la gauche parlementaire suit le mouvement beaucoup plus qu'elle ne l'anime. Les catholiques apparaissent divisés. La gauche catholique militante ne doit pas être numériquement très forte, mais elle est offensive et des médias relaient ses positions. L'aile réformiste (qui va finalement l'emporter) met en œuvre une stratégie d'alliances et non un combat anticlérical. Les « révolutionnaires » (politiquement en perte de vitesse de 1970 à 1975) sont opposés à la religion, mais leur lutte combat essentiellement un ordre politico-social où l'on trouve le capitalisme, les hommes, les médecins, soit autant de forces vives de l'État républicain du tournant du XIXe et du XXe siècle.

L'opinion publique, d'abord réservée à l'égard de l'avortement, évolue rapidement. L'opinion catholique moyenne se situe certes en décalage par rapport à l'opinion publique : elle est plus réservée, voire hostile ; elle évolue plus tardivement, mais son évolution s'effectue dans le même sens. Globalement, elle ne se situe pas en opposition frontale. Des prières devant le jardin du Luxembourg pour convaincre les sénateurs de faire barrage à la loi ne réunissent que quelques dizaines de personnes. La proposition de demander l'excommunication de Valéry Giscard d'Estaing ne rencontre pas d'écho. Lors des conflits laïcisateurs sur l'école et l'État, des excommunications effectives avaient lieu. Reste que l'opposition virulente à la loi comporte une forte composante religieuse (et un héritage antisémite, visant Simone Veil). Mais dans le débat public elle est partiellement relativisée par la mise en avant de compétences médicales. L'Ordre des médecins, d'ailleurs, s'engage plus que l'Église catholique officielle.

En définitive, le conflit traverse le catholicisme, le corps médical, la droite, voire la gauche elle-même. Bien qu'il soit emblématique sur le plan de la laïcisation des mœurs, il ressemble davantage aux conflits sécularisateurs qui ont eu lieu en Grande-Bretagne au cours du XIXe siècle (où l'on trouvait des chrétiens dans les deux camps, et non un conflit frontal entre l'État et la religion) qu'aux luttes classiques du conflit des « deux France » (J. Baubérot - S. Mathieu, 2002).

Pendant un temps, nous avions estimé que ce conflit constituait le dernier avatar du deuxième seuil de laïcisation, alors que la création du Comité consultatif national d'éthique (en 1983) amorçait la logique du troisième (J. Baubérot, 1995, 57). En étudiant de nouveau le dossier, il nous semble que ces débats sur l'IVG manifestent le passage du deuxième au troisième seuil. En effet, les nouveautés qui émergent sur la scène sociale ne doivent pas être sous-estimées.

Une compréhension neuve des droits de « l'homme » *(sic)* se fait jour avec la revendication de droits liés de façon spécifique à la féminité (les hommes n'avortent pas !) et à la liberté des mœurs. On assiste au début d'une perte d'un sens social unifié : le discours sur le « vice » de Jean Foyer est très rapidement dépassé. Giscard se veut, lui, le représentant d'une droite beaucoup plus moderne. Il autorise, la même année 1975, la représentation d'actes sexuels non simulés. Il existait socialement un « bien », un « mal », beaucoup de transgressions. Maintenant les frontières se brouillent. La liberté devient plus morale que « la morale » elle-même.

État-arbitre, État-gestionnaire

Mais la question « qu'est-ce que le bien, qu'est-ce que le mal ? » se redouble d'une autre question : qu'est-ce que la vie ? qu'est-ce que la mort ? Les avis divergent au sein même des catholiques favorables à une loi permettant l'IVG : Milliez estime que l'avortement est un meurtre, mais parfois commis en état de légitime défense. Roqueplo, lui, pense qu'une différence de nature existe entre l'embryon et l'être humain : voilà la question de l'embryon socialement posée. Elle va bientôt se situer au centre de nombreux débats. Et pour une partie des réformistes et pour les contestataires radicaux, parler de vie et de mort à propos de l'avortement ne fait pas sens. En définitive, nous voilà loin de l'État émancipateur républicain et de ses luttes. Nous rencontrons bien plutôt un État qui tente de gérer et d'arbitrer les différentes options de la société civile. Le politique – toutes tendances confondues – suit le mouvement beaucoup plus qu'il ne le conduit. Il faut dire que l'ouverture est périlleuse : Jules Ferry recommandait d'agir avec beaucoup de précaution quand on abordait le domaine de la conscience. Maintenant, on pénètre dans le domaine de l'intime.

Va-t-on alors vers un « État démocratique-bureaucratique [qui] progresse à la mesure de son renoncement à toute vue prescriptive de l'avenir » ? Ce fut la thèse défendue par Marcel Gauchet (1985, 262). Pourtant la réalité est peut-être plus paradoxale. Pour Jean-Paul Willaime (1990, 199 *sq.*), il existe bien une « laïcisation de la laïcisation » : « La République s'est banalisée et désutopisée en s'émancipant du système philosophico-moral qui avait présidé à son institutionnalisation. » Il existe un « désenchantement moderne de la modernité », où l'État est « moins assuré dans ses prétentions à indiquer le sens de l'histoire » et où les individus « réclament le libre choix de leur mode de vie et de leur morale, y compris vis-à-vis de l'État ». Mais face à cette revendication, toujours plus marquée, d'autonomie personnelle, existe également une prise de conscience des « risques hautement collectifs à gérer ». Dès 1990, Willaime pointait le nucléaire, les problèmes de pollution, certains risques épidémiologiques (sida), les problèmes de terrorisme, les nouvelles possibilités créées par les découvertes biologiques et enfin les problèmes éducatifs posés par les programmes télévisuels. Face à tout cela, l'État se trouve devant la nécessité « de définir un minimum de morale collective garantissant à la fois la libre détermination des personnes et une certaine conception de l'homme et de la société définissant un art déterminé du vivre ensemble » (*ibid.*, 203). Willaime en concluait à la recomposition des rapports État-religion. Nous aborderons ce problème ultérieurement. Revenons au paradoxe. Depuis 1990, il est devenu… encore plus paradoxal : chacun le sait, la demande sécuritaire ne fait que croître et embellir et l'État n'est plus l'interprète légitime, en dernière instance, des droits de l'homme – ou droits fondamentaux.

La laïcité de l'État-nation à l'Europe

En effet, au terme d'un processus commencé en 1948, l'internationalisation des droits fondamentaux a, depuis les années 1990, des conséquences concrètes pour ce qui concerne la liberté et la laïcité.

En 1948, la Déclaration universelle des droits de l'homme se présente comme « l'idéal commun à atteindre par tous les peuples et toutes les nations ». Son article 18 l'affirme : « Toute personne a droit à la liberté de pensée, de conscience et de religion. Ce droit implique la liberté de changer de religion et de conviction ainsi que la liberté de manifester sa religion et sa conviction, seul ou en commun, tant en public qu'en privé, par l'enseignement, les pratiques, le culte et l'accomplissement des rites. » L'article 9 de la Convention européenne (1950) reprend mot pour mot cet article et ajoute un second alinéa qui déclare : « La liberté de manifester sa religion ou sa conviction ne peut faire l'objet d'autres restrictions que celles qui, prévues par la loi, constituent des mesures nécessaires dans une société démocratique, à la sécurité publique, à la protection de l'ordre, de la santé ou de la morale publique, ou à la protection des droits et libertés d'autrui. »

Ces deux textes sont nettement plus précis que l'article 10 de la Déclaration de 1789 (« Nul ne doit être inquiété pour ses opinions, même religieuses, pourvu que leur manifestation ne trouble pas l'ordre public établi par la loi »). Ils intègrent toute une réflexion, des « avancées » concernant les droits fondamentaux effectuées aux XIXe et XXe siècles. En associant « religion » et « conviction », ils explicitent, d'autre part, que les convictions philosophiques non religieuses font partie intégrante de la pratique sociale légitime de la liberté de conscience. Par ailleurs, l'article 2 du protocole additionnel à la Convention, signé à Paris, en mars 1952, affirme: «Nul ne peut se voir refuser le droit à l'instruction. L'État [...] respectera le droit des parents d'assurer cette éducation et cet enseignement conformément à leurs convictions religieuses et philosophiques.»

Se voulant «la patrie des droits de l'homme», s'arrogeant parfois le droit de ne pas les respecter (cf. les pratiques de la torture pendant la guerre d'Algérie), la France fut mal à l'aise avec la Convention européenne. Elle la ratifia (avec des réserves), un peu en catimini, pendant l'intérim présidentiel d'Alain Poher, en mai 1974. Et il fallut attendre François Mitterrand pour que soit ratifiée (en octobre 1981) la clause permettant le recours de «toute personne physique, toute organisation non gouvernementale ou tout groupe de particuliers, qui se prétend victime d'une violation» des droits fondamentaux et qui n'a pas obtenu justice dans le cadre de la législation de son pays (articles 25 et 16). Il faut insister sur l'importance historique de cette décision. Désormais l'État-nation France n'est plus l'interprète en dernière instance des droits de l'homme. Il reconnaît, comme supérieure à lui-même, une instance non étatique pour donner l'ultime interprétation juridique de ces droits fondamentaux.

Deux organes forment cette instance. La Commission européenne des droits de l'homme enquête et tente une conciliation. Elle formule un avis, transmis au Comité des ministres du Conseil de l'Europe et au gouvernement du pays mis en cause. La Cour européenne des droits de l'homme constitue l'organe judiciaire de décision. Elle rend un arrêt motivé, défini et contraignant pour les États. Le Comité des ministres en surveille l'exécution. Ainsi «les principes proclamés en 1948 [... sont transformés] en obligation juridique concrète» (G. Lagelée - J.-L. Vergnaud, 1988, 149).

La Cour européenne ne se prononce pas sur le statut de la religion dans la cité. Elle permet plusieurs types de rapport religion-État (et il en est de même du projet de Constitution européenne). Mais, depuis les années 1990, elle instaure progressivement une jurisprudence qui induit une sorte de laïcité des conséquences. Sans empêcher, par exemple, l'existence d'une religion officielle, elle interdit que celle-ci ne contrevienne au « pluralisme – chèrement conquis au cours des siècles », « consubstantiel » à une société démocratique et « bien précieux », non seulement pour les croyants mais aussi pour les « athées, les agnostiques, les sceptiques ou les indifférents » (arrêt de la Cour, 25 mai 1993, Kokkinakis contre Grèce). De même, « nul ne peut être contraint de devenir membre » et nul ne peut être « empêché de cesser d'être membre » d'une religion (Commission, 9 mai 1989, Darby contre Suède).

Est-il alors possible d'affirmer que cette jurisprudence européenne tend à rapprocher d'autres pays de la situation française ? Cela se vérifie en partie, mais en partie seulement. Trois problèmes. D'abord ne pas oublier que l'arrêt Kokkinakis défend la liberté des Témoins de Jéhovah, que l'État français continue parfois à limiter fortement, dérogeant ainsi au principe laïque de neutralité. Ensuite, l'Europe peut parfois donner à la France des leçons de laïcité : ainsi la France s'est trouvée en délicatesse avec les organes européens suite à une plainte déposée par l'Union des athées. Cette affaire constitue un indice sérieux d'un résultat paradoxal de la laïcité française : ne pas être assez attentive à l'égalité des convictions non religieuses face aux religions. Enfin, il ne faudrait pas non plus passer sous silence l'affaire Otto-Preminger contre Autriche (20 septembre 1994). Tout en affirmant la liberté de la critique de la religion, la Cour n'a pas jugé disproportionnées la saisie et la confiscation du film *Le Concile d'amour*. Pour une fois, elle ne s'est pas montrée très laïque.

En définitive, l'important consiste à comprendre la mutation qui s'opère. La laïcité française a été portée historiquement par l'État-nation. Il ne peut plus en être ainsi aujourd'hui. Le débat laïque doit s'élargir. La question « laïcité et droits fondamentaux » est devenue plus que jamais fondamentale. Elle dépasse les frontières des États, et la laïcité s'éloigne donc du régalisme.

VIII

L'identité française au-delà du conflit des « deux France »

« Par un épais brouillard du mois de septembre, deux enfants, deux frères, sortaient de la ville de Phalsbourg en Lorraine. Ils venaient de franchir la grande porte fortifiée qu'on appelle *porte de France* » : ainsi commence l'ouvrage phare de la morale laïque, *Le Tour de la France par deux enfants*. Ce livre nous importe à plus d'un titre. Par son immense succès d'abord : 6 millions d'exemplaires vendus en 1901, à peine un quart de siècle après sa publication (1877). Et ces 6 millions d'exemplaires signifient beaucoup plus de lectrices et de lecteurs : non seulement on se passait *Le Tour de la France* entre frères et sœurs, mais on réclamait l'ouvrage à la bibliothèque scolaire. Et quelle bibliothèque aurait eu l'outrecuidance (c'eût été commettre presque un sacrilège !) de ne pas le posséder ?

Mais ce livre est également exemplaire par sa signification, sa destinée contrastée. Il fut d'abord un ouvrage très consensuel : l'école laïque le magnifia, bien qu'il eût précédé de quelques années sa création ; l'école congréganiste ne fut pas en reste. Elle le popularisa tout autant. Les « deux jeunesses », soi-disant élevées dans des univers hétérogènes, tellement divergents qu'adultes elles ne pourraient pas se comprendre, apprenaient – en réalité – à lire grâce au même ouvrage. À lire ? Beaucoup plus que cela : *Le Tour de la France* n'est pas un simple manuel de lecture. C'est un roman d'aventure qui veut enseigner un art de vivre, l'art de conjuguer la vie pratique et la vie morale. C'est un livre initiatique.

Pourtant *Le Tour de la France par deux enfants* se trouva rattrapé par le conflit des deux France. Dès 1886, le conseil municipal de Paris rechignait à voter les crédits nécessaires à son achat par les écoles de la ville, en raison, affirmait-on, de son «esprit confessionnel». On verra ce qu'il en est. L'accusation, en tout cas, ne fit pas tache d'huile jusqu'au début du XXe siècle. À ce moment-là, nous l'avons vu, certains estiment nécessaire de «laïciser la laïque». L'ouvrage risque une relative désaffection. Alors une édition «révisée» – la 331e ! – paraît en 1906. Elle va provoquer un vif débat parlementaire. La disparition de toute référence à Dieu apparaît comme le symbole d'un «laïcisme» outrancier.

Est-ce à dire que le raidissement laïque des années 1900 serait responsable de la rupture du consensus ? Certes pas. Le conflit des deux France existait, virulent, bien avant. Et l'auteure du *Tour de la France* l'éprouvait dans sa vie personnelle. Elle se cachait, anonyme, derrière Alfred Fouillée, qui négociait pour elle avec l'éditeur les problèmes de droit d'auteur et de traduction. Pourquoi ? Parce que, en contraste avec le contenu de l'ouvrage, où toute allusion à la sexualité et à l'amour passion est significativement absente (instruction, travail, soucis d'argent occupent le devant de la scène), l'auteure vivait une histoire d'amour contrarié. Séparée depuis des années d'un mari brutal, elle ne put épouser Alfred Fouillée qu'avec le rétablissement du divorce en 1884. Or la lutte autour du divorce fut très vive au XIXe siècle, car elle mettait en jeu – pensait-on – l'identité de la France. Pour les partisans du divorce, il apparaissait significatif que son abrogation soit la mesure phare prise au début de la Restauration (1816), régime imposé par des princes «étrangers» pour extirper toute identité révolutionnaire de la France du XIXe siècle. Ses adversaires virent dans son rétablissement une «campagne anti-française, anti-catholique», appuyée par «une poignée d'israélites» (Mgr Freppel à la Chambre, cf. F. Ronsin, 1992, 269).

Nier la réalité du conflit frontal des deux France serait absurde, mais il apparaîtrait tout aussi stupide d'ignorer l'existence de nombreux conciliateurs. Mme Fouillée en faisait partie. Elle réussit à se faire apprécier des deux camps, à marginaliser les extrêmes. Par quelle alchimie ? En enseignant une morale vraiment laïque, en décrivant une vie quotidienne où Dieu reste présent.

Morale laïque, solidarité, amour de la France

Le Tour de la France est un ouvrage on ne peut plus moraliste, sans être en rien ennuyeux. Il se sert de « l'intérêt que les enfants portent aux récits de voyage » et raconte le « voyage courageux » *(sic)* de deux jeunes orphelins lorrains à travers la mère patrie. « Nous avons voulu, assure l'auteure, montrer comment chacun des fils de la mère commune arrive à tirer partie des richesses de sa contrée et comment il sait, aux endroits même où le sol est pauvre, le forcer par son industrie à produire le plus possible » (G. Bruno, 1877, 3). Produire en vue du progrès, produire en vue du bien-être. Produire tout en devenant plus instruit et plus moral chaque jour. Morale qui permet de vivre en paix avec les autres et soi-même. Morale de la reconnaissance où l'on donne parce qu'on a beaucoup reçu. Morale fraternelle : entre fils de la même mère patrie, il faut non seulement s'entraider mais s'associer – forme résolument moderne de l'entraide traditionnelle (*ibid.*, 79 *sq.*). Morale qui n'a donc besoin d'aucun fondement divin. Morale qui se passe fort bien de toute référence religieuse car elle est elle-même une religion, un absolu auquel on doit croire.

Le fondement de cette morale est la solidarité. Déjà, en 1877, avant même la laïcisation de l'école, la solidarité humaine est mise en scène avec force. « Mi-organique, mi-contractuelle, mi-biologique, mi-juridique, cette solidarité est une volonté morale, un travail de soi sur soi » (J. et M. Ozouf, 1984, 315). Il n'est pas étonnant qu'Alfred Fouillée ait déclaré avoir reçu de son épouse « l'idée de la justice réparative, c'est-à-dire de la dette collective que les générations présentes contractent avec les générations passées, de telle sorte qu'elles doivent bienfaisance, assistance et instruction [aux démunis] » (*ibid.*).

Cette morale se veut à la fois pratique, éminemment patriotique et cependant universelle. Propos et images (plus de 200 gravures, cartes ou portraits) décrivent mille aventures... instructives. C'est dans ce livre « que deux générations de Français ont appris pêle-mêle que Dijon est le chef-lieu de la Côte-d'Or, que l'aigle est le plus féroce et le plus fort des oiseaux, qu'il faut se garder propre et bien soigner les animaux, que le courage et la modestie dans l'accomplissement du devoir portent en eux-mêmes leur récompense, et, surtout, que la France est le plus beau pays du monde [...] promis au plus grand destin par l'activité de ses fils, qui doivent à cette merveilleuse patrie un dévouement sans partage » (J.-P. Bardos, 1977, 311). Et ce patriotisme omniprésent (grouper « toutes les connaissances morales et pratiques autour de l'idée de la France », tel est le dessein explicite de l'auteure) se veut universel, en faisant de la patrie française la nation phare de l'humanité.

Six ans après la défaite, on cherche à inspirer l'horreur de la guerre et non l'indignation morale face aux exactions prussiennes. La meilleure revanche française sera son hégémonie morale. « Je voudrais, dit le petit Julien [7 ans], que chaque pays de la terre dise "j'aime la France". » Pour cela, reprend l'oncle Volden, « il n'y a qu'une chose à faire : que chacun des enfants de la patrie s'efforce d'être le meilleur possible ; alors la France sera aimée autant qu'admirée par toute la terre » (G. Bruno, 1877, 305 *sq.*). Dialogue on ne peut plus significatif !

Morale laïque et croyance au progrès

Les petits Français n'étaient nullement des petits saints. Pourtant *Le Tour de la France* a constitué le livre de chevet de deux générations. Le récit qu'il offrait partait du réel et proposait un idéal crédible. Roger Thabault (1943, rééd. 1982), auteur d'une monographie qui « ouvre des vues sur un immense horizon » (A. Siegfried, préface, 7), montre les transformations d'une commune des Deux-Sèvres à cette époque (1870-1914). Cette commune de Mazières-en-Gâtines vivait encore, au milieu du XIXe siècle, presque isolée, sans chemin de fer, sans véritable route, dans un état d'autarcie économique : la vie sociale « s'exprimait dans la persistance de la communauté de village, avec ses paysans et ses artisans travaillant les uns à côté des autres, les uns pour les autres, en économie à peu près fermée » (*ibid.*, 14). Et voilà qu'en 1881 la ligne de chemin de fer Bordeaux-Paris s'arrête à Mazières. Cette gare de voyageurs est complétée cinq ans plus tard par une gare de marchandises et un quai pour l'embarquement des bestiaux. « Les possibilités d'exportation que créait cette ligne de chemin de fer amenèrent la transformation économique du pays », facilitée par « l'amélioration des chemins vicinaux. [...] Tous les villages desservis par ces chemins purent ainsi participer plus facilement au courant d'échanges commerciaux qui s'affirmait » (R. Thabault, 1982, 144 *sq.*).

Alors que, traditionnellement, on n'utilisait guère le lait de vache que pour élever les veaux, une laiterie coopérative se crée près de la gare, en 1895. Au début, les paysans se demandent si l'argent du beurre ira bien à ceux qui fournissent le lait. Peu à peu leur méfiance s'atténue. Nouvelle avancée associative : une assurance mutuelle contre la mortalité du bétail est fondée deux ans plus tard. Ces mêmes années, la culture des céréales progresse nettement. Toutes ces transformations changent le paysage : sur une superficie communale d'environ 1900 hectares, 287 étaient cultivés en 1850, plus de 1100 le sont en 1905. Un pays de bergers est devenu un pays d'éleveurs et de cultivateurs. Ceux-ci vont utiliser des faucheuses mécaniques et mettre des engrais. Désormais ils achètent et vendent. Une petite aisance émerge. Les disparités augmentent car la modernisation profite davantage au bourg qu'aux fermes isolées. L'idée de quitter son village pour aller tenter sa chance ailleurs germe alors dans l'esprit des plus audacieux. L'école accompagne, favorise même, ces changements.

La « croyance au progrès » devient donc une croyance partagée. Imaginons l'état d'esprit des gens qui, « nés vers 1860, avaient grandi dans la gêne et qui constataient, à trente ans, qu'ils mangeaient mieux, qu'ils s'habillaient mieux, qu'ils pouvaient envisager l'avenir avec confiance. [...] Ils rêvaient pour eux-mêmes, surtout pour leurs enfants, d'un avenir meilleur encore, de progrès infinis» (*ibid.*, 184). Jusqu'à la Grande Guerre, l'idée de la corrélation des progrès – progrès technique, progrès de l'instruction, progrès social, progrès moral, progrès du bien-être – constituait un espoir raisonnable. Et, même si le décollage socio-économique a, en fait, commencé sous le Second Empire, c'est la «France républicaine» qui, progressivement, fut considérée comme source du progrès.

D'un Dieu naturellement présent...
à un Dieu totalement absent

Le Tour de la France par deux enfants participe de la mentalité de cette époque. La mère patrie est source de progrès, y compris et surtout de progrès moral (voilà la «bonne éducation»!) pour ses enfants. Cela évite à Dieu de jouer un rôle de «père la morale». Certes le père des deux enfants – Julien et André – leur demande en mourant: «Vivez toujours unis sous l'œil de Dieu» (G. Bruno, 1877, 10). Mais il ne s'agit pas de l'œil qui regardait Caïn. C'est plutôt comme si, au moment de partir, il confiait ses fils à un ami sûr. Et c'est en ami que Dieu se comporte. Le plus jeune des enfants prend courage face aux épreuves à venir: «le bon Dieu nous aidera» (*ibid.*, 6). Au seuil de la première maison où ils vont demander un service, l'aîné propose: «Prions Dieu afin qu'il permette qu'on nous fasse bon accueil.» Et les deux garçons de réciter alors le «Notre Père» (*ibid.*, 7)... avant de recevoir le meilleur accueil possible.

Un peu plus tard, nos voyageurs gravissent une montagne, le brouillard s'épaissit, le découragement guette. Ils ne perdent pas courage et élèvent «ensemble dans une même prière leurs jeunes cœurs vers le ciel» (*ibid.*, 23), avant de sombrer, apaisés, dans la «douce tranquillité du sommeil». Quand le matin vient, «le brouillard et l'obscurité sont dissipés». Julien, «voyant ce ciel lumineux», saute de plaisir et s'écrit «que

Dieu est bon et que la montagne est belle» (*ibid.*, 24). La marche reprend et nos deux héros arrivent enfin en France. Le «cœur ému», ils élèvent «leur âme vers le ciel» et remercient Dieu d'avoir accompli le vœu de leur père (*ibid.*, 25).

Dieu est certes moins présent ensuite. Le récit demande l'attrait de la nouveauté et on ne va pas reparler, chaque jour, de la prière quotidienne, même si on insiste sur sa nécessité («la prière nous donne le courage et l'espoir», *ibid.*, 182). Les allusions persistent cependant, comme autant de piqûres de rappel. Exemple parmi d'autres: à la moitié du voyage, un adulte marque le coup en déclarant à un des enfants: «Dieu t'a exaucé» (*ibid.*, 126). Dieu est en effet le père de ceux qui n'en ont pas ici-bas (*ibid.*, 145). Pas étonnant alors qu'il faille «aimer Dieu et notre chère France par-dessus toute chose» (*ibid.*, 177). Et lorsque, à la fin du voyage, un «homme d'honneur» s'acquitte des dettes de son père et permet à l'oncle Frantz de retrouver ses économies perdues, ce dernier ne manque pas de dire aux enfants: «Remerciez Dieu avec moi.» La réponse ne se fait pas attendre: «Mon oncle, je prierai Dieu pour lui tous les jours de ma vie» (*ibid.*, 277).

On peut comprendre l'énervement de certains laïques du début du XXe siècle. Quoi, plus de vingt ans après la laïcisation de l'école, le manuel scolaire par excellence met en scène un Dieu familier, presque aussi naturellement présent que l'air que l'on respire ! *A priori*, l'idée de publier une vision révisée plus circonspecte n'est guère étonnante. On peut même se demander pourquoi elle fut réalisée si tardivement.

Comme ses héros, toujours plus soucieux d'accomplir leur «devoir», l'auteure a voulu trop bien faire. Ce Dieu familier se retrouvait dans des interjections courantes ? Qu'à cela ne tienne: «Mon Dieu !» devient, suivant le contexte, «Hélas !» ou «Quelle joie !». Bossuet, saint Bernard, Fénelon, saint Vincent de Paul disparaissent de la galerie des grands hommes. Seul l'abbé de Saint-Pierre, apôtre de la paix universelle, ainsi que Jeanne d'Arc et ses prières échappent à la guillotine littéraire. Notre-Dame-de-la-Garde ne domine plus Marseille, Reims ne possède plus la cathédrale où l'on a sacré les rois de

France et nos héros, arrivés à Paris, ne pénètrent plus dans la cathédrale Notre-Dame pour «prier Dieu pour la grandeur de la France» (*ibid.*, 285). Du passé, comme du ciel, faisons table rase ! Les parlementaires de droite s'indignent ou ricanent. Jaurès lui-même est estomaqué. Après avoir représenté un emblème consensuel, *Le Tour de la France* devient-il le symbole d'un sectarisme borné ?

Il va l'être durablement, en effet, dans certaines mémoires. Ces mémoires oublient cependant un fait important : la version «révisée» ne se substitue pas à la version «primitive», elle s'y ajoute. Désormais, existeront des rééditions avec Dieu et d'autres sans Dieu. Et il serait bien intéressant de savoir quel texte a prévalu dans les «écoles de la République». Sans doute une version différente selon les régions, les villes, peut-être même les quartiers...

Un Dieu de religion civile

«Statistiquement» toutefois, dans le long terme, la version «primitive» a fortement dominé (J. et M. Ozouf, 1984, 302). Quelle image de Dieu propose-t-elle ? D'abord un Dieu intériorisé et qui se passe fort bien de clergé. C'est également le cas d'autres manuels, notamment ceux mis à l'Index par le Saint-Siège (J. Baubérot, 1997, 93 *sq.*). Ces auteurs auraient pu opter pour la vision d'une France pluraliste, mettre en scène prêtres, pasteurs, rabbins. Antérieurement, c'est parfois le choix effectué, à tel point qu'un lecteur non prévenu pouvait croire à une importance numérique plus forte des minorités religieuses. La déconfessionnalisation laïque préfère le silence à la pluralité. Les églises sont sans prêtres. Aucun temple, aucune synagogue ne porte témoignage de l'histoire tourmentée des protestants et des juifs de France.

Le Dieu du *Tour de la France* n'est pas pour autant le Grand Architecte de l'Univers. Il est trop romantique pour cela. C'est un Dieu de l'émotion, de l'affection, de la tendresse. Un Dieu qui donne, non pas un Dieu qui impose et qui juge: «La bonté de Dieu nous a-t-elle jamais fait défaut?» dit le grand frère à son cadet, et il ajoute: «Compte encore sur elle» (G. Bruno, 1877, 170). Julien tombe malade, son aîné lui fait consulter un médecin, cela ne l'empêche pas de prier pour sa guérison (*ibid.*, 171). Cette double action s'avère très représentative de l'ensemble du livre, où rationalité et sentiments se trouvent étroitement mêlés. Or – à part Dieu, nettement moins présent – la tonalité est identique dans tous les cours de morale laïque. On y développe, à la fois, une culture morale de l'affection et de la tendresse, l'exercice du raisonnement et l'examen de conscience (J. Baubérot, 1997, 163 *sq.*).

Ce Dieu totalement déconfessionnalisé, ce Dieu que l'on aime sans le craindre, ce grand-père à la Hugo, n'est nullement un Dieu areligieux. Il se lie à la religion de la patrie. La France n'est plus la fille aînée de l'Église. Elle reste une enfant chérie de Dieu lui-même. Sans doute une des raisons de l'extraordinaire succès du livre auprès de l'ensemble des maîtres d'école vient du fait que, écrit avant la loi laïque de mars 1882, il peut signifier explicitement ce qu'il sera plus difficile de dire ensuite sans polémique: Dieu aime et protège la France, le même élan d'amour doit aller vers Dieu et vers la patrie. Quel éloquent passage, en effet, que l'arrivée des deux enfants «sur le sol de France»: «Ils s'agenouillèrent pieusement sur cette terre de la patrie [...]; ils élevèrent leurs âmes vers le ciel, et tout bas remerciant Dieu, ils murmurèrent: "France aimée, nous sommes tes fils, et nous voulons toute notre vie rester dignes de toi!"» (G. Bruno, 1877, 25). Dans un syncrétisme complet, la prière s'adresse à Dieu et à la patrie. Nous sommes en plein dans une religion civile à l'américaine (cf. notre chapitre x).

Cet aspect, fort peu perçu des nombreux commentateurs du livre, explique pourtant bien des choses. D'abord, il rend significatif le succès de l'ouvrage dans les écoles congréganistes. Peu importe que les églises soient vides de prêtres, peu importe même que le pseudonyme de l'auteure constitue une attaque indirecte contre le catholicisme (G. Bruno fut, en effet, brûlé vif en 1600 sur ordre du Saint-Office). L'important est ce lien quasi charnel entre Dieu et la patrie. Et, lisant l'ouvrage à leur manière, les congréganistes associaient ce que le livre dissociait implicitement : Dieu et la religion catholique. Ensuite, on comprend mieux la date tardive de l'édition « révisée ». À la lecture congréganiste s'opposait la lecture républicaine. Dieu et la France devenaient là Dieu et la République. Pourtant la République reste innommée dans l'ensemble de l'ouvrage (en 1877, elle est encore si fragile…). Nul doute que l'institutrice ou l'instituteur savaient, par leurs commentaires, lui donner une incontestable présence.

Enfin, l'aspect radical des coupures effectuées s'éclaire également. Grand-papa bienveillant, père de la patrie, le « bon Dieu » faisait partie de la famille. L'ensemble était indissoluble. Si on sépare Dieu et la patrie, alors allons jusqu'au bout : toute présence autonome de Dieu sinon deviendrait dangereuse… du moins pour un certain public (or, rappelons-le, il s'agit de diversifier l'offre : la version « révisée » coexistera avec des rééditions de l'ancienne).

En 1906, beaucoup de laïques militants estimaient que le texte de la loi de séparation « ignorait leurs vœux les plus chers et les plus symboliques » (J. Lalouette, 1997, 269). Il était, à leurs yeux, beaucoup trop libéral. Du moins, la loi manifestait clairement que l'identité de la France ne comportait plus de dimension religieuse. Alors, il fallait en tirer les conséquences pour l'école, dépasser la morale laïque de papa, lui enlever toute inspiration spiritualiste. Il fallait faire preuve d'une laïcité scolaire sourcilleuse. Promouvoir une « morale scientifique » (selon le titre d'un ouvrage d'Albert Bayet, 1905) qui ne mette plus, en son centre, l'idée du devoir, qui n'enseigne plus des vertus dépassées ou des sentiments non rationnels. À lire les écrits, les manifestes de ces années-là, on se dit que l'étonnant n'est pas qu'une version « révisée » du *Tour de la France* ait complété l'ancienne. L'étonnant est, beaucoup plus, que l'ouvrage dans son ensemble ne soit pas devenu obsolète. Or il va encore s'en vendre plus de 2 millions d'exemplaires pour atteindre les 8,5 millions d'exemplaires diffusés lors du centenaire (1977).

« Petite patrie » et « grande patrie »

À partir d'un constat : « Nos maîtres savent combien il est difficile de donner à un enfant l'idée nette de la patrie [... qui] ne représente pour l'écolier qu'une chose abstraite », *Le Tour de la France par deux enfants* veut grouper « toutes les connaissances morales et pratiques autour de l'idée de la France » (G. Bruno, 1877, 3 *sq.*). Il y réussit remarquablement, et devient un formidable instrument pour forger une conscience nationale, par sa virtuosité à jouer de l'espace et du temps.

Il faut aimer la France, être fier d'être Français : comme beaucoup d'autres à la même époque, cet ouvrage le proclame. Mais cet amour est inclusif. Les deux enfants doivent quitter Phalsbourg, leur ville natale, ils ne l'oublient pas pour autant. Périodiquement, lors de leur trajet, une chose vue ravive un souvenir dans leur mémoire. Et en fin de parcours ils y reviendront, occasion d'un double pèlerinage à la tombe de leur père et à la maison de leur instituteur : « Que le souvenir de notre pays natal, uni à celui de nos parents, soit toujours vivant en nos cœurs » (*ibid.*, 34). Et ce pays natal, au-delà du village ou de la ville, c'est la province (la Lorraine pour nos deux héros), également considérée comme la terre des ancêtres. Cet ensemble constitue la « petite patrie », chaleureuse et humaine. Contrairement au stéréotype qui voudrait que la République se fonde sur l'arrachement aux particularismes, la morale laïque prône – prêche, pourrait-on écrire – l'attachement à la « petite patrie ».

L'organisation même de l'école laïque témoigne de cette importance donnée aux « petites patries » : le recrutement local des enseignants du primaire était la règle, la mutation hors du département l'exception justifiée par des circonstances très particulières : « La République a préféré les risques de la tradition à ceux de l'assimilation forcée. Le pari de la fusion spontanée des “défauts de terroir” et des personnalités provinciales dans le patriotisme national l'a emporté sur celui de l'uniformisation par le brassage » (J.-F. Chanet, 1996, 74).

La France est le produit de la fusion dans le « creuset national » des qualités (et des défauts) des diverses « petites patries » qui la composent. Ce qui veut dire implicitement : l'universel (français !) est formé par des particularismes (locaux et provinciaux). On est à l'opposé de l'universel abstrait du républicanisme, même s'il existe une certaine confusion entre l'universel et le national. C'est cela que le maître devait enseigner et ce que la lecture du *Tour de la France* concrétisait. Les différences entre provinces (valorisées par rapport aux départements) constituent « autant de dons gracieux à la France tout entière, si bien que le chauvinisme local ne se nourrit que des bienfaits rendus à la collectivité nationale par un tempérament particulier et dans une contribution originale ». C'est pourquoi il est impossible de dresser le « tableau d'honneur » des provinces : « Chacune apporte sa couleur particulière à l'harmonie du bouquet » (J. et M. Ozouf, 1984, 296). Après mûre réflexion, Julien affirme : « Si la France est une grande nation, c'est que dans toutes ses provinces on se donne bien du mal : c'est à qui fera le plus de besogne » (G. Bruno, 1877, 116).

Mais – centralisme français oblige –, s'il y a les diverses provinces, existe aussi Paris et la province. Paris, ventre dévorant qui avale en un an « cent soixante mille bœufs, cent mille veaux, huit cent mille moutons et soixante mille porcs, sans compter la volaille, le poisson et le gibier » ! Pour nourrir ce Gargantua des « armées de troupeaux arrivent à Paris de tous les points de France ». Sans parler des artichauts qui proviennent d'Alger, des fromages envoyés par le Jura ou l'Auvergne, des montagnes de beurre, des trente-cinq milliards d'œufs venant de la Normandie et de la Bretagne. Mais si beaucoup « de monde est occupé en France à nourrir Paris », Paris « ne reste pas à rien faire ». En effet, il s'agit de « la ville la plus industrieuse du monde. Ses ouvriers travaillent pour la France à leur tour et leur travail est d'un [...] goût tel qu'ils n'ont guère de rivaux en Europe. Et les savants de Paris, ils pensent et cherchent de leur côté ; leurs livres et leurs découvertes [...] arrivent en province » (*ibid.*, 282).

Les « hommes illustres » et le devoir de progresser

À la province, les traditions, les travaux agricoles, à Paris l'industrie moderne et la science : tel serait le message ? Certaines leçons de morale tombent parfois dans ce travers. Elles relient les « petites patries » à l'enracinement (légitime) dans le passé, la « grande patrie » à la marche en avant vers l'avenir. Mais le ton dominant s'avère plus subtil et *Le Tour de la France* partage cette subtilité. Sa perspective, si populaire soit-elle, rejoint l'optique savante du géographe Paul Vidal de La Blache (1903) : dans le passé de chaque province, on peut trouver la marche des siècles qui nous projette vers l'avenir.

L'espace est un espace-temps, la géographie s'imprègne d'histoire. Chaque province a donné naissance à de « grands hommes » (dont une seule femme : l'incontournable Jeanne d'Arc). La figure privilégiée de l'homme illustre est le savant, homme de lettres, juriste et – surtout – homme de science, celui qui invente, découvre grâce à ses connaissances et ses qualités morales (privation, persévérance...). Certains d'entre eux sont devenus célèbres – Monge, Buffon, Lavoisier –, d'autres sont sortis de l'oubli : Dupuytren (emblématique du médecin « le matin soignant les pauvres qui ne payaient point, le soir allant visiter les riches »), qui annonce Pasteur (« aussi bon que savant », affirme l'édition « révisée ») ou encore : Lebon, inventeur du gaz d'éclairage.

La géographie, l'histoire, la science conjuguent ainsi leurs efforts pour rendre vivante la leçon de morale : « Chaque invention faite par les hommes illustres, chaque progrès accompli grâce à eux devient pour l'enfant un exemple, une sorte de morale en action d'un nouveau genre, qui prend plus d'intérêt en se mêlant à la description des lieux mêmes où les grands hommes sont nés » (G. Bruno, 1877, 4).

La galerie des grands hommes ne peut faire l'économie des héros guerriers : Vercingétorix, Duguesclin, Bayard... Mais, plus on s'approche du XIXe siècle, plus leur humanité est mise en avant : Vauban « s'efforçait d'épargner le sang » (*ibid.*, 107).

Desaix, le seul général révolutionnaire cité, était « estimé de ses ennemis » : les « paysans allemands l'appelaient le *bon général* » et, en Orient, les musulmans « l'avaient surnommé le *sultan juste* » (*ibid.*, 139). Le pacifisme de Mme Fouillée est relatif, voire parfois ambigu : il admet la légitime défense et, peut-être à partir de là, la riposte. Une citation de Jeanne est révélatrice : « N'attaquez pas les premiers, mais si l'on vient vous attaquer, défendez-vous hardiment et vous serez les maîtres » (*ibid.*, 57).

Significatif dernier bout de phrase ! Rappelons-le : l'école laïque ferryste comporte des exercices militaires pour les trois cours des écoles élémentaires de garçons. Les « bataillons scolaires », créés en référence aux enfants soldats de la Révolution française, défilent le 14 juillet. Mais, rapidement, dès la fin des années 1880, « les bataillons scolaires périclitent, leurs instructeurs se lassent et les organisateurs constatent que les enfants ne sont motivés que par le prestige de l'uniforme et le goût de la parade » (P. Ognier, 1994, 106). Peut-être aussi les instituteurs – dispensés du service militaire jusqu'en 1889 – se montraient-ils réticents. Boulangisme et surtout affaire Dreyfus vont d'ailleurs radicaliser certains d'entre eux jusqu'à les rendre suspects de pacifisme absolu. Mais, à part cette aile minoritaire, *Le Tour de la France* présente bien, sur l'ensemble de la période, la mentalité dominante des « hussards noirs ».

La sélection des « hommes illustres » se veut clairement consensuelle. Pas de roi mais des ministres travailleurs et dévoués de la monarchie (Michel de L'Hospital, Colbert). Montesquieu représente les Lumières, Voltaire, Rousseau et Condorcet sont ignorés. Aucune figure emblématique de la Ire République (ni Marat, ni Danton, ni Robespierre, ni naturellement Bonaparte), seulement le monarchiste constitutionnel Mirabeau, salué pour ses talents d'orateur en 1789, et Portalis comme principal rédacteur du Code civil. Nul doute que le maître et la maîtresse complétaient la liste et que ces compléments divergeaient suivant leur provenance, l'école laïque (cf. J. Baubérot, 1997, 213 *sq.*) ou l'école confessionnelle (cf. Y. Gaulupeau, 1995, 73 *sq.*). L'ouvrage ne fait pas miraculeusement disparaître le conflit des deux

France et cet aspect capital de l'historicité de la France moderne : l'événement structurant qui la fonde ne comporte aucune figure vraiment emblématique. Il montre – et ce n'est pas rien – qu'en amont des figures conflictuelles de l'identité française il s'avère possible de faire émerger des représentations communes. La leçon sera retenue.

Et les inventeurs sont, eux aussi, des personnages consensuels par excellence. Entièrement dévoués à la science (qui n'est pas opposée à la religion mais à la « prétendue baguette des fées »), ils ne font partie d'aucune chapelle, mais ils peuvent provenir des milieux les plus humbles. Exemple : « l'ouvrier inventeur » Louis Robert qui, au lieu d'accomplir « sa besogne machinalement », cherchait « à s'instruire par tous les moyens, à perfectionner les instruments dont il se servait ». C'est ainsi qu'il inventa « la belle machine à faire le papier » (*ibid.*, 48 *sq.*). Tout écolier peut donc espérer, grâce à l'instruction, devenir un jour un de ces hommes illustres qui enrichirent la France.

Mieux, tout écolier est appelé à donner le meilleur de lui-même pour y parvenir. Car le passé glorieux de la France crée l'obligation d'un devenir également brillant. *Le Tour de la France* représente « une remarquable initiation à la modernité : la France qu'il révèle dans sa totalité à ses écoliers français dont l'horizon s'arrête [alors] le plus souvent au chef-lieu de canton, est riche de toutes les conquêtes du progrès dans l'industrie, les moyens de communication, les services » (J.-P. Bardos, 1977, 319).

Mais pour que la France ne s'arrête pas en si bon chemin, qu'elle profite de toutes les ressources industrieuses des aimables « petites patries », il faut que tous les Français puissent se comprendre. Or, parfois, les deux enfants sont déroutés : leurs interlocuteurs adultes ne parlent que le patois. Heureusement, ils aperçoivent d'autres enfants qui reviennent de l'école et savent donc le français : « Quel bonheur ! Nous pourrons causer ensemble » (G. Bruno, 1877, 165.). La « grande patrie » doit pouvoir englober l'ensemble des « petites patries ». L'école est essentielle à l'identité française car elle acculture à la langue française tout à la fois véhicule de la modernité et de l'union nationale.

IX

Les changements de l'identité française

« Que chacun redouble d'ardeur et de générosité à soutenir ceux qui, à l'avant-garde, combattent pour la France et pour Dieu. » La phraséologie de cette citation n'est guère différente de celle de Mme Fouillée (qui, elle, écrivait plutôt « Dieu et la France » et non « la France et Dieu »). Cependant, ici, le combat n'est pas à mener contre l'ignorance et le vice. Il s'agit du conflit des deux France, de la résistance à la laïcisation républicaine. L'extrait provient en effet d'un *Bulletin* paroissial parisien ; il date du 1er janvier 1905 et fait allusion à la prochaine séparation des Églises et de l'État.

Des Églises ? Que non : il s'agit là de « l'Église ». Cette Église totalement absente du livre pour les écoliers prend ici la première place : « La rupture est consommée entre l'Église et la France, est-il écrit un an plus tard. La fille aînée de l'Église a brisé les liens qui l'attachaient à sa mère. [...] C'est l'inconnu qui est devant nous. L'Église de France a déjà vu partir ses religieux et ses religieuses en exil, elle pleure déjà sur bien des ruines. Va-t-elle connaître des ruines plus complètes et plus irréparables encore ? Où allons-nous ? Que sera cette année qui s'ouvre ? Que deviendra notre culte ? Que deviendront peut-être nos églises ? » Le lendemain un autre *Bulletin*, après avoir évoqué les « bienfaits » apportés par « l'Église » à l'État (elle a « formé la conscience publiqu(de ce pays »), affirme : aujourd'hui, « l'ingratitude s'étale avec ses laideurs et son ricanement haineux. Nous en souffrons dans nos cœurs de Français, car nous savons que, selon la parole d'un homme d'État au Parlement, si l'Église n'a pas besoin de la France, la France, elle, a besoin de l'Église » (cf. J. Sévenet, 2004).

La suppression du budget des cultes est certes douloureuse, mais ce budget n'était pas considérable : il « dépassait légèrement 42 millions de francs-or, soit un peu plus d'un franc par citoyen » (E. Poulat, 2003, 136). En revanche, elle prend tout son sens comme symbole de la fin de l'identité catholique de la nation France.

Existait-il encore une dimension catholique dans l'identité française ? La réponse n'est pas simple et la Révolution elle-même avait mené des politiques religieuses contradictoires, avec la Constitution civile du clergé (1790) et la (première) séparation de l'Église et de l'État (1795). Surtout, depuis 1802, la France vivait sur un régime stable de « cultes reconnus » regroupant le Concordat et les Articles organiques. Le système concordataire, analyse Claude Langlois, « s'adosse, pour exister, à un État *athée* comme l'ont entendu successivement Portalis pour en faire l'éloge et Lamennais pour le déplorer, c'est-à-dire un État incroyant, hors des croyances, incapable d'adhérer à un credo quelconque, mais aussi protégeant, reconnaissant, rémunérant [plusieurs] cultes, en raison même de son incroyance. Et de fait, la laïcité française est fondée sur la séparation de la croyance et du pouvoir avant de l'être sur la séparation de l'État et des cultes » (2000, 108).

« État athée », selon la formulation de l'époque. « État laïque », dirons-nous plus volontiers aujourd'hui, à la suite de Buisson. La nuance est importante. Nul athéisme d'État au XIXe siècle, bien au contraire : très longtemps on se demande si l'athéisme n'engendre pas l'immoralisme. Pourtant cette expression d'État « athée » est intéressante : elle montre à quel point on ressent une rupture avec la chrétienté d'Ancien Régime.

Pour l'État, donc, la cause est entendue dès 1802. Et, cela va de pair, la dissociation entre citoyenneté et appartenance religieuse se trouve renforcée, stabilisée. Mais la nation. Qu'en est-il de la nation ? La situation apparaît, là, beaucoup moins claire. Certes, le catholicisme n'est pas plus religion de la nation que religion d'État ; il est cependant qualifié de « religion de la grande majorité des Français ». Simple constat, dira-t-on. Effectivement, mais un constat non dénué de signification. D'ailleurs, le Premier consul – le personnage le plus important de la nation – fait, à titre personnel, profession de foi catholique. On comprend alors que, face à la lecture légale de la loi de 1802 (qui inclut Concordat et Articles organiques), existe une lecture symbolique du Concordat où l'on se persuade que la France reste une nation catholique.

Le conflit des deux France : un conflit autour de l'identité nationale

Le conflit des « deux France » met d'abord en jeu l'identité nationale. Il ne s'agit nullement d'une querelle entre « croyants » et « non-croyants ». Ces derniers regroupent moins de 100000 personnes au dernier recensement qui comporte une question religieuse (1872). En revanche, se font face deux visions opposées de la « Patrie », au-delà même des combats politiques concernant le régime du pays.

Le ralliement des années 1890, ordonné par Léon XIII, en donne une confirmation. Il demande aux catholiques français d'adhérer au régime républicain (l'Église catholique n'est liée à aucune forme de gouvernement) sans que cela implique le moindre renoncement à l'idéal d'une France catholique. Au contraire, le pape met en marche un « nouvel intransigeantisme [qui] entend reprendre l'initiative » (E. Poulat, 1977, 120), et sa politique serait incompréhensible si on oubliait que le Saint-Siège considère la France fondamentalement comme une « nation catholique ». Il en est de même sous Pie X. En avril 1904, la visite du président Loubet au roi d'Italie Victor-Emmanuel III choque beaucoup la Curie. Elle met en route le processus de rupture des relations diplomatiques. Pourquoi ? Parce que la France est la première « nation catholique » qui transgresse l'interdiction papale d'aller rencontrer à Rome (ex-capitale des États pontificaux) le chef de l'État italien (M. Larkin, 1974, 130).

Quant aux ralliés, ils restent en général de farouches opposants à la laïcisation, œuvre à leurs yeux des juifs, protestants et autres maçons. Ils prônent l'émergence d'une « République d'honnêtes gens » qui ferait la part belle au catholicisme. En fait, le Ralliement entraîne (ou du moins accélère) le développement des thèmes qui vont faire florès lors de l'affaire Dreyfus (J. Baubérot - V. Zuber, 2000). Et si *La Croix* adopte le drapeau tricolore, ce quotidien fait figurer en son milieu l'effigie du Sacré-Cœur, signe de la nécessaire consécration de la République au Christ.

Face à cette vision, au XIXe siècle, une autre image de la France se dessine, mais moins clairement. Elle prend appui sur le pluralisme officiel des cultes reconnus et l'existence d'un ministère des Cultes, d'une administration des cultes, d'un régime des cultes, etc. : « symbolique du pluriel », dit Claude Langlois (2000, 110). Mais, pour qualifier les cultes protestants et israélite, on emploie – significativement – l'expression de « cultes non catholiques », quand ce n'est pas « cultes dissidents ». L'émergence du néologisme « laïcité » permet, sous la IIIe République, de parer Marianne d'un idéal positif. Maurice Agulhon (1979) a montré toute la force de cette figure qui associe France et République. Mais si la politique républicaine laïcise dans l'Hexagone, elle affirme aussi (*dixit* Gambetta) : « L'anticléricalisme n'est pas un article d'exportation. » De fait, elle se comporte assez souvent dans sa politique étrangère (Proche-Orient) et dans sa politique coloniale comme une « puissance catholique ».

Dans ce contexte, beaucoup de catholiques vivent la séparation comme une rupture de « la fille aînée de l'Église » avec sa mère. Il s'agit, pour eux, d'une séparation de l'Église et de l'État et non des Églises (des cultes) et de l'État. Un indice parmi d'autres : il fut reproché à la loi de se référer à « l'organisation générale du culte » sans mentionner explicitement le principe hiérarchique du catholicisme. Outre qu'il était outrancier de demander à la loi de cautionner explicitement un tel principe, son caractère de généralité lui interdisait de mentionner un culte au détriment des autres.

Selon une idée reçue, mais fausse, la séparation libérerait l'État de la tutelle de l'Église (catholique). En fait, elle rend surtout manifeste que l'identité française ne comporte pas de dimension religieuse, même si elle laisse subsister des traces d'un catholicisme identitaire. Il lui était difficile de faire autrement. D'abord, elle ne renoue pas avec la tradition iconoclaste de la Révolution et si, désormais, on ne met pas d'emblème religieux sur les bâtiments publics, on laisse subsister ceux qui existent déjà. Ensuite, le calendrier reste rythmé selon le repos hebdomadaire du dimanche et les « fêtes d'obligation » : Ascension, Assomption, Toussaint, Noël, auxquelles la République, bonne fille, a rajouté, en 1886, les lundis de Pâques et de Pentecôte. Enfin, le paysage patrimonial est peuplé d'églises et de cathédrales, monuments publics et lieux de culte. Rappelez-vous en 1981, lors de sa campagne électorale : le candidat socialiste à la présidence, François Mitterrand, avait choisi comme affiche un village et une église. Personne n'a imaginé qu'il s'agissait de refaire du catholicisme la religion officielle ; il n'empêche…

Limerzel (Morbihan) : l'identité catholique et son déclin

Le légal et le social ne se recoupent pas forcément. Vu de la « grande patrie », le catholicisme peut ne plus faire partie de l'identité collective ; vu de certaines « petites patries » il en va tout autrement. La Bretagne rurale, par exemple, reste une terre de quasi-chrétienté jusqu'au milieu du XXe siècle, avec une autorité très forte du clergé, une scolarisation catholique dominante, un taux très élevé de pratique dominicale, une vie associative de type paroissial, de nombreuses vocations religieuses et, cela va de pair, un vote à droite majoritaire.

Yves Lambert (1985) décrit, de façon très vivante, cette civilisation paroissiale dans la région de Limerzel (Morbihan), où la séparation n'introduit pas de rupture : ainsi, au moins jusqu'en 1918, les réunions du conseil municipal se tiennent après les vêpres. La vie quotidienne, tout au long de l'année, entremêle étroitement rythme des saisons et temps liturgique. Le temps de « l'Avent » est une période de double attente : attente dans le cycle de la vie agraire : « les labours et les semis sont terminés, le pressage des pommes s'achève, les agriculteurs font du bois, coupent la lande, entretiennent les haies» ; attente et préparation «de la venue du Christ à Noël» ; des «dizainiers» passent dans les maisons pour que chacun renouvelle la location de sa place de banc à l'église et s'acquitte du «denier du culte», devenu indispensable depuis la séparation. À Noël, les enfants reçoivent des friandises (et quelques jouets après 1945) apportées par «le petit Jésus». C'est la nuit, et à la période où la nuit est la plus longue, que l'on célèbre la «naissance du Sauveur», lumière qui vient dans les ténèbres. Et, commente Yves Lambert, «il faut s'imaginer, en l'absence d'électricité, le scintillement des lampes-tempête cheminant peu à peu vers l'église» (*ibid.*, 30).

À la morte saison, la vie liturgique privilégie la terre, la pénitence, l'incarnation. Les cortèges de processions se déroulent entre église et cimetière. Mais Pâques arrive et le «Sauveur» ressuscite alors que les troupeaux sortent de l'étable et que les semis lèvent. Les jours s'allongent, le soleil est haut, de grandes processions et la vie liturgique s'orientent plutôt vers le ciel. Il existe donc une adéquation entre la reproduction de la vie matérielle, «au fil des labours, des semis et des récoltes», et la reproduction de la vie symbolique «à travers les étapes du salut»: les «symboles paraissent liés à la réalité par un rapport de nécessité et réciproquement: l'automne ne serait pas l'automne sans la Toussaint, ni l'hiver sans Noël, ni le printemps sans Pâques, et Noël ne serait pas Noël sans la venue de l'Enfant-Jésus». Vécu profane et vécu religieux s'entremêlent. Le temps liturgique joue le rôle de «support concret des croyances»: à travers les fêtes de Noël et de Pâques, la Fête-Dieu, la fête de Jeanne d'Arc, la Toussaint, «ce sont les croyances en la venue d'un Sauveur, en sa résurrection, en Dieu, en la France catholique, en l'intercession des saints, en l'au-delà, qui se matérialisent et vivent en tant que faits communs, évidents, intégrant la destinée individuelle à l'histoire du salut, faisant coller les représentations aux pratiques, comme la terre colle aux sabots» (*ibid.*, 50). Dans les écoles catholiques, le temps scolaire est intégré au temps liturgique. C'est ainsi que l'on fabrique non seulement du sens mais du sens commun.

Certes existe aussi une école publique laïque, « école du diable », « école des chiens », dit-on encore en 1956. « École sans Dieu » en tout cas. Le prêtre catéchise ses élèves, mais en les plaçant à l'arrière-garde lors des processions, histoire de montrer qu'il n'est pas absolument sûr qu'ils iront au ciel. Cela n'empêche ni les relations ni les accommodements. Dans l'entre-deux-guerres, son neveu s'est marié à la fille de l'instituteur. Alors comme l'école publique risque la fermeture, faute d'être suffisamment fréquentée, il demande discrètement à un de ses paroissiens de transférer ses enfants de l'école libre à l'école laïque ! D'ailleurs l'accommodement est à charge de revanche : les élèves de « la laïque » manquent les cours lors de certains offices et pendant la retraite de communion. L'instituteur ferme les yeux. L'institutrice, plus combative, exige des parents une autorisation d'absence.

De nouveaux canaux d'influence se développent. Dès la fin du XIXe siècle, le clergé vante auprès de ses ouailles la « bonne presse » et fustige la « mauvaise ». Ce combat se renforce après la Première Guerre mondiale. « Dans le Morbihan, un prêtre par doyenné est désigné pour organiser la bonne presse. L'œuvre du “Franc de la presse”, fondée à Paris en 1919 et destinée à subventionner les journaux catholiques, se développe au même moment » (M. Lagrée, 1992, 394). Le développement de la radiodiffusion suit à partir des années 1930. Cela entraîne de progressifs changements. D'abord, une certaine « nationalisation » du catholicisme. La « prédication radiophonique » peut faire entendre, à une élite, d'autres sermons que ceux de son curé habituel. Notamment de grands prédicateurs parisiens lors du carême. Ensuite un pluralisme interne au catholicisme apparaît. Malgré l'appui de l'autorité épiscopale au *Nouvelliste*, le quotidien *L'Ouest-Éclair*, plus proche d'un catholicisme social et adversaire de l'Action française, s'impose. Il atteint les 240000 exemplaires sur l'ensemble de la Bretagne en 1930. Enfin, radios et journaux, en donnant des nouvelles de toute sorte, en cantonnant la religion dans des rubriques ou des émissions particulières, lui enlèvent, sans même le vouloir, son aspect englobant et constituent un vecteur de sécularisation.

C'est grâce à *L'Ouest-Éclair* que Limerzel bascule, en 1928, dans le camp de la République. C'est un tournant qu'accentuent, à partir de 1933, la crise économique et surtout l'après-guerre où souffle un vent de modernité. Les tracteurs arrivent dans les années 1950. Peu à peu se produit un «envahissement d'un temps profane qui oblige le temps sacré à [...] se réfugier dans les interstices, face aux contraintes imposées par les activités salariales, les transports scolaires, l'émergence du week-end, la raréfaction du personnel agricole ou les émissions de télévision» (Y. Lambert, 1985, 256). Les processions déclinent avec la circulation automobile. Les œuvres et l'Action catholique, qui s'étaient emboîtées dans la civilisation paroissiale, ne vont pas tarder elles-mêmes à perdre des effectifs. Seuls les rites de passage, baptême, communion, mariage et enterrement religieux et quelques cérémonies comme Pâques et la messe de Noël restent de grands moments de rassemblement quand le concile Vatican II décide l'*aggiornamento* du catholicisme. La laïcisation a peu atteint Limerzel mais, à cinquante ou soixante ans de distance, sans conflit majeur, la sécularisation a fait son œuvre.

Le nouveau tour de la France, de la France profonde...

À ce moment-là, au début des années 1950, *Le Tour de la France par deux enfants* suscite un épigone plus intéressant que les autres, car il se fonde sur un voyage «réellement effectué». Le ministère de l'Éducation nationale organise un concours pour désigner les deux «meilleurs écoliers de France». Les lauréats effectuent un périple à travers le pays, en lien avec une émission de radio qui s'intitule, pour l'occasion, «Le tour de France par deux enfants». Nous sommes en 1953, année de la première victoire de Louison Bobet dans le tour de France cycliste. Leurs aventures donnent lieu à un ouvrage (J. Lenoir, 1954).

Ce «*nouveau tour de [la] France*» est plein d'enseignements. À première vue, la France des années 1950 ressemble plus à la France de 1877 qu'à celle d'aujourd'hui. La description du concours permet de rendre hommage à l'instruction, aux maîtres d'école dont la morale n'a guère changé. «La liberté, mon petit, déclare l'instituteur à Jean, l'élève, ce n'est pas le désordre. Pour se libérer il faut travailler.» La bonté et l'honnêteté sont des «vertus», la jalousie ou l'orgueil des «défauts» (*ibid.*, 21). Nicole, la co-lauréate, veut devenir institutrice. Elle craint de ne pas pouvoir réaliser son rêve: ses parents sont pauvres et elle devra travailler dès qu'elle aura obtenu le certificat d'études (*ibid.*, 23 *sq.*). Rassurez-vous, grâce au concours, elle obtiendra une bourse et sera, quelle chance ! pensionnaire dans un lycée.

La France profonde vit toujours, en bonne part, au rythme de ses villages: «Une petite vieille devant sa porte triait des haricots blancs. Près de l'église [...] des enfants jouaient autour d'un cageot rempli de fibres.» Villages «semblables à ceux qui avaient vu naître» les deux héros: «Tranquille, quotidienne, la vie coulait ainsi sur des kilomètres et des kilomètres, comme un fleuve qui va à la mer» (*ibid.*, 68).

France rurale, France des provinces, France des villes et de Paris. Paris, feu d'artifice final du premier tour de la France, devient le lieu où se retrouvent les finalistes du concours (dont certains n'avaient jamais pris le train) et la ville où le périple des deux gagnants commence. Cité aux mœurs étranges: «Ici les gens ne prêtent pas attention à vous. Chacun fait ce qui lui plaît», s'étonne l'écolière (*ibid.*, 35).

Le rapport au religieux de ce nouveau tour de la France ressemble plus à l'édition «révisée» qu'à la version «primitive» de l'ouvrage écrit par Mme Fouillée: non seulement les cathédrales sont vides de prêtres, mais elles sont clairement devenues des monuments historiques.

La «poussée irrésistible» du progrès (*ibid.*, 123) émerveille toujours. Il assure seul l'amélioration des conditions de vie (*ibid.*, 112) car il est indissolublement progrès technique (il permet «un rendement plus intense») et progrès social (il rend «plus humain le travail des hommes») (*ibid.*, 127). Il est donc «merveilleux» de «vivre une époque où tout est perfectible», où «ce qui est créé par l'homme n'attend que de l'homme d'être transformé toujours et encore» (*ibid.*, 186). Significatif: ce «que de l'homme»! Il est complété par une déclaration enthousiaste de Nicole: «J'ai vu le rapport des choses entre elles et comme tout ce qui pousse, tout ce qui s'invente, se construit ou se fabrique aboutit en définitive à l'homme. Je suis fière d'être l'objet de tant d'attentions, de recherches et de luttes. Je suis fière d'être un être humain!» (*ibid.*, 192). La croyance au progrès demeure.

... à la France nouvelle qui communique et qui consomme

En 1953, comme en 1877, ce progrès réalise ce que les «fées» promettaient (*ibid.*, 25). Pourtant un changement majeur s'opère: la communication et la consommation remplacent (déjà) l'instruction et la production comme éléments moteurs du progrès.

Le Nouveau Tour de France met en scène, de façon emblématique, un passage de relais entre l'éducation nationale et les enseignants (qui, au début du livre, organisent et encadrent le concours) à un grand média (la radiodiffusion) et aux journalistes qui vont réaliser, avec les deux enfants, un reportage quotidien et jouent le rôle, tout au long de l'ouvrage, de nouveaux enseignants et éducateurs.

Nous pourrions être étonnés du peu de connaissances que possèdent Nicole et Jean: ce sont, pourtant, les «meilleurs écoliers» de France! Mais la journaliste-auteure nous informe vite que l'instruction ne suffit plus (n'est même «plus grand-chose») pour comprendre la réalité d'aujourd'hui, qui se présente sous «une forme mouvante, inattendue» (*ibid.*, 69).

Pendant les trois mois de leur tour de la France, les deux lauréats semblent apprendre d'autant mieux que la pédagogie mise en œuvre n'a rien de scolaire. Chacun doit «tous les jours parler au micro pour raconter ce qu'ils ont vu», avec comme consigne: «Sois simple et naturel, [dis] tout ce que tu penses au moment où cela te passe par la tête» (*ibid.*, 39 *sq.*). Les conseils donnés ne seraient certes pas ceux du maître: «pour que ce soit plus animé» dans l'information, il faut «ne pas craindre d'interrompre» (*ibid.*, 141). De même, «pour convaincre», on «doit hausser le ton» (*ibid.*, 145).

Radio, Cinéma, Presse, Télévision (avec des majuscules) réalisent l'exploit d'ouvrir sur «un monde nouveau et captivant» (Rien «ne se [passe] sur la terre entière, qu'on ne sût dans toutes les langues et sous toutes les latitudes», *ibid.*, 55) et de créer du lien: «Tu ne seras plus jamais seul», disent les médias «aux malades, aux vieillards, aux abandonnés» (*ibid.*, 25). De fait, une fillette, paralysée des jambes, peut écrire aux écoliers: «Moi qui vous écoute chaque jour à la radio, il semble à force d'entendre vos voix à tous, que vous êtes devenus comme une famille nouvelle» (*ibid.*, 145).

École beaucoup plus moderne, nouvelle forme de famille, le monde médiatique qui structure *Le Nouveau Tour de France* ouvre sur une autre vision du monde. L'univers villageois des enfants allait de pair avec une morale scolaire devenue figée, pesante. Les journalistes leur proposent des valeurs neuves, plus légères, liées à un style de vie très différent. L'essentiel est la «tolérance», «le respect des autres» (plus précisément «de la liberté d'autrui») et «l'amour de la vie» (*ibid.*, 192). Cet amour de la vie, d'une certaine manière de vivre, se manifeste tout au long du voyage, en contraste avec l'épreuve initiatique que représentait l'ancien tour de la France. Aucun problème matériel ne trouble le périple effectué dans une «pimpante caravane» de trois belles voitures. Dès la première étape, l'automobile apparaît synonyme de vitesse et de liberté. Les repas sont accompagnés de bons vins, voire de champagne, les desserts glacés dressés sur des couronnes de meringue agrémentée d'odorantes fraises des bois. Les actualités cinématographiques et les photographes de presse transforment les enfants en stars. D'ailleurs, ces enfants-stars logent dans des palaces aux somptueuses moquettes, aux chambres aussi belles que celles du palais de Versailles. Ils vont au casino, qui les enivre de fleurs, de musique et de lumières.

Tout à coup, un des journalistes prend peur. Ses amis et lui-même ne sont-ils pas allés trop loin en entraînant les écoliers dans une vie pleine « d'artifice ». « Nicole, dit-il avec humilité, ce que tu as vu ce soir n'a rien de commun avec la réalité. » La réponse de ladite Nicole annonce les succès de la future télévision : « Je sais [...] ; pourtant cela existe tout de même » (*ibid.*, 90). Et elle demande de lui laisser voir « ce paysage-là ». Ce paysage : une jeune femme « en robe de fée sur une terrasse, au bras d'un monsieur en smoking blanc »... Le monde du clinquant.

Le monde aussi où le producteur apparaît de plus en plus au service du consommateur (*ibid.*, 131). Les écoliers « deviennent vraiment intelligents » car ils ont intégré une « notion [nouvelle], celle de la consommation » (*ibid.*, 186). Indispensable consommation : elle « fait marcher le commerce. Sans le commerce tout s'arrêterait de vivre, ce serait la misère, le chômage ». Il ne faut pas craindre, donc, de « consommer » de plus en plus, d'acheter pour ses « besoins » et aussi pour son « plaisir » (*ibid.*, 161).

Les écoliers de Mme Fouillée apprenaient la France, se pénétraient de son passé, se convainquaient que sa grandeur nécessitait de placer l'instruction et l'école au-dessus de tout. Nicole et Jean découvrent une France inconnue, mystérieuse et désirable : la France des Trente Glorieuses, surtout la France qui – comme les autres pays modernes – ne peut plus vivre sans se mettre en scène. La France où la réalité médiatique fixe l'attention et pousse à la consommation. Et ouvre aussi sur un monde en apparence sans frontières (rien « ne se passe sur la terre entière... »).

On peut rétorquer : le classique *Tour de la France* et *Le Nouveau Tour de France* ont eu des destinées fort différentes. Justement, leur destin a été en congruence avec leur contenu. L'ouvrage du XIXe siècle a été transmis par l'école. Son impact s'inscrit dans la longue durée et plusieurs générations d'écolier se sont nourries à sa lecture. *Le Nouveau Tour de France* a donné lieu à une émission de radio-réalité (l'auteure insiste : à la « fiction » du « vieux livre scolaire » se substitue « la réalité d'un voyage accompli par deux enfants », peut-on lire en quatrième de couverture). Cette émission a été écoutée par des centaines de milliers d'auditeurs. Elle a eu un impact immédiat. Mais sitôt consommée, sitôt oubliée : à peu près personne ne se souvient du nouveau tour de la France alors que l'ancien habite encore les mémoires.

La France, vers un troisième seuil de laïcisation

Pourtant – nous espérons l'avoir montré – l'ouvrage vaut la peine d'être lu, au troisième degré. Il anticipe, sans le savoir, sur les mutations qui vont conduire la France au troisième seuil de laïcisation. Henri Mendras qualifie la période 1965-1984 de « seconde révolution française » (1988, rééd. 1994). Selon cet ouvrage, devenu classique, les équilibres issus de la Révolution de 1789 ont été bouleversés à ce moment-là et seulement à ce moment-là. Une nouvelle société émerge, où « paysannerie et bourgeoisie traditionnelle ont presque disparu devant la montée du tertiaire et des "cadres" devenus un pôle organisateur d'une classe moyenne généralisée. Les grandes institutions nationales ont perdu leur aura symbolique en même temps que le drapeau, le sabre et le goupillon cessaient d'être un enjeu idéologique. L'unification achevée par l'école, la diffusion du français, le développement des communications et des médias ont rendu la décentralisation possible et nécessaire. Une nouvelle civilisation des mœurs s'édifie sur l'individualisme » (p. 4 de couverture).

Nous sommes globalement d'accord avec ce schéma tout en proposant un glissement des dates charnières de 1965 à 1968 et de 1984 à 1989. Cela, naturellement, à partir de notre observatoire propre : la laïcité. Mais aussi peut-être parce que le recul historique, aujourd'hui plus grand, induit des accentuations différentes.

Pour Mendras, la date de 1965 est justifiée par des événements concomitants : première élection du président de la République au suffrage universel, fin du concile Vatican II, ouverture de l'université de Nanterre (« futur détonateur de

Mai 68»), apparition du nu dans les magazines et au cinéma, expression des «valeurs hédonistes» devenues licites. À ce «faisceau d'indicateurs» s'ajoutent deux autres événements qui datent de 1963: la première grande surface et l'apparition du livre de poche (H. Mendras, 1988, 17). Ne chicanons pas: le premier Livre de poche (*Kœnigsmark*, de Pierre Benoit), date de 1953, mais l'erreur est humaine!

Malgré tout, cette petite erreur est significative. Et d'autre part, nous pourrions trouver, en 1963, d'autres indicateurs comme l'irruption de la jeunesse en tant que couche sociale autonome avec, en juin, le concert géant (150000 jeunes à la Nation), organisé par *Salut les copains* (publication lue alors par un jeune sur deux) pour les vingt ans de Johnny Hallyday. Immédiatement Edgar Morin analyse, dans *Le Monde*, ce nouveau phénomène de société.

Il n'existe donc pas de commencement absolu. Mais il peut se produire un événement phare qui catalyse des novations, leur donne une importance sociale sans commune mesure avec celle qu'elles pouvaient avoir auparavant. Il nous semble qu'avec «les événements de mai» (auxquels Mendras se sent obligé de faire allusion quand il parle de... 1965), 1968 soit un meilleur millésime. Avant, le nu commençait à se donner à voir dans quelques magazines et films, mais c'est Mai 1968 qui va transformer le rapport social à la décence. Avant, des «valeurs hédonistes» pouvaient bien être prisées dans quelques milieux, mais c'est Mai 1968 qui va populariser l'idée contenue dans le slogan «Vivre sans temps mort et jouir sans entraves». Mai 1968 n'est pas une création *ex nihilo*; il est possible d'en trouver des signes annonciateurs dans les années 1960. Mai 1968 est néanmoins un événement structurant, il va progressivement rendre dominantes de nouvelles logiques.

Choisir 1968 comme année de référence est aussi en accord avec une orientation sociologique un peu différente. 1965 privilégie un fonctionnement politique institutionnel (l'élection du président au suffrage universel). 1968 met l'accent sur la révolte anti-institutionnelle qui va déstabiliser le politique mais aussi l'école, la médecine, etc. Est-ce seulement du point de vue de la laïcité que le déclin des institutions apparaît plus important que des changements dans leur fonctionnement ? Nous ne le pensons pas.

Enfin, dans le domaine de la religion, si 1965 paraît important, en référence au concile Vatican II (et, dans cette optique, encore plus 1962, date de l'ouverture de ses travaux), il ne faut pas négliger 1968 : cette année-là, le pape Paul VI publie l'encyclique *Humanae Vitae* (29 juillet) qui refuse de légitimer moralement les moyens modernes de contraception. C'est un coup d'arrêt dans l'accommodement au monde contemporain. Il va induire un grand écart entre les positions officielles de la hiérarchie catholique et la pratique de la grande majorité des catholiques, même militants.

La nouvelle logique du troisième seuil

« En 1984, la seconde grande révolution française s'achevait », affirme Mendras de façon un peu grandiloquente (*ibid.*, 21). Deux événements essentiels justifient ce *terminus ad quem*. Le premier, en fait, date de 1983 : après l'arrivée, en 1981, d'un gouvernement socialiste (et communiste) au pouvoir, « la contrainte internationale obligeait à revenir à une politique économique classique », mettant ainsi fin au « conflit majeur » : « service public contre entreprises privées ». Le second événement nous intéresse plus directement. Mendras ne mâche pas ses mots : « Le conflit sur l'école privée s'est soldé par un recul du pouvoir socialiste. L'Église catholique, appuyée par l'approbation des trois quarts des Français, faisait échec à l'école laïque. Subitement les instituteurs et la laïcité paraissent réactionnaires et anachroniques. » Et notre auteur de conclure : « Les deux conflits majeurs qui divisaient les Français [...] s'éteignaient subitement en 1983 et 1984 avec les grands mythes qui les animaient. [...] Ces événements symboliques clôturaient un siècle d'idéologie républicaine » (*ibid.*).

Sans nous attarder, signalons qu'en 1984 la majorité des

Français a peut-être moins soutenu l'Église catholique qu'elle a signifié aux laïques qu'il n'existait plus, selon elle, de divergence idéologique profonde entre l'école publique et l'école privée sous contrat. En conséquence, cette dernière école pouvait servir d'instance d'appel. Remarquons aussi que Mendras parle d'« un siècle d'idéologie républicaine ». Plus que la comparaison (un peu boiteuse) avec la Révolution française, ce que pointe l'auteur est la sortie d'une période qui a émergé avec les années 1880, c'est-à-dire (dans notre perspective) avec le deuxième seuil de laïcisation.

En 1988, Mendras dresse un bilan fort optimiste : les structures d'autorité « écroulées, la liberté et l'égalité ont pu faire leur chemin dans la vie quotidienne ». Et il poursuit : « La peur, la rage et la violence qui étaient les ressorts primordiaux des rapports sociaux ont disparu, sauf dans des secteurs marginaux. [...] La multiplicité des possibles détruit les modèles rigides. De plus la tolérance ayant fait de remarquables progrès chacun est obligé de reconnaître à autrui le droit d'être différent sans pour autant que cette différence le classe en dessus ou en dessous. » En définitive : « Chacun veut être soi et construire son identité à sa guise et il le peut mieux qu'hier. Le bonheur des citoyens devient de plus en plus l'objectif du pouvoir, comme les philosophes du XVIIIe siècle le voulaient » (*ibid.*, 428 *sq.*).

Propos étonnants relus aujourd'hui, et significatifs si on adopte l'hypothèse qui décale la fin du cycle de 1984 à 1989. Car en 1989 deux événements majeurs se produisent : le premier a valeur de symbole pour la terre entière : la chute du mur de Berlin ; le second est beaucoup plus spécifique à la France : il s'agit de la première affaire de foulards.

La chute du mur pourrait, *a priori*, renforcer l'optimisme de Mendras : désormais la démocratie est triomphante, et elle n'a plus l'excuse de la « menace totalitaire » pour s'autolimiter. Pourtant, le propos de notre auteur sent la griserie qui précède une victoire annoncée ; lors des lendemains de fête, on se réveille avec la gueule de bois ! Si la chute du mur de Berlin clôt la séparation du monde en deux blocs antagonistes, elle signifie aussi la fin des utopies de transformation du monde, la perte de sens des grands récits idéologiques. Derrière « l'individu conquérant » arrive « l'individu souffrant ». L'un ne va pas sans l'autre : ils constituent deux facettes de « l'individu incertain », du « gouvernement de soi, suscitées par les styles de relations sociales et les modèles d'action aujourd'hui dominants » (A. Ehrenberg, 1995, 18). Ajoutons que, réelle et mythifiée, la mondialisation accentue les sentiments d'inquiétude et de fragilité. En outre, ce n'est pas seulement la liberté de la parole personnelle qui apparaît quand s'écroulent les structurations idéologiques, c'est aussi et bien davantage un conformisme de masse, un extrême centrisme plus ou moins obligatoire, un « politiquement correct » ou même, plus fondamentalement, un médiatiquement correct.

Dans l'optique d'une analyse de la laïcité, la première affaire de foulard, celle d'un collège de Creil (Oise) est le second événement majeur de 1989. Elle éclate pratiquement au moment où le mur de Berlin s'écroule et occupe une place aussi importante dans les médias... en France. Mais, si elle comporte une dimension franco-française, il ne faut pas négliger son contexte international : en février, l'ayatollah Khomeyni avait pris une fatwa condamnant à mort l'auteur des *Versets sataniques*, Salman Rushdie (R. Aubert, 1990). On ne peut comprendre l'ampleur prise par « l'affaire » des foulards de Creil si on ne tient pas compte de cette fatwa. Elle a un grand retentissement en France et apparaît comme une menace pour la liberté de penser, raison d'être de l'école laïque. Autant le communisme stalinien n'avait pas vraiment été considéré par les enseignants comme un danger pour la liberté de penser, autant – à partir de 1989 – l'islamisme va paraître menaçant.

En matière de laïcité, Mendras s'en tenait à 1984 et à la fin du conflit des deux France. Son ouvrage évoque brièvement le « retour du religieux », il ne dit rien sur l'islam... Cécité significative. La prospective peut toujours ignorer un aspect essentiel. Inversement le discours sur le passé est, spontanément, tout autant aveugle. Certains décrivent aujourd'hui naïvement une laïcité consensuelle il y a vingt ans, en 1984 ! Dans leur discours pointe une croyance qui n'a pas besoin d'être consciente pour être présente en arrière-fond : « Ah, comme nous étions bien, entre Français, sans l'islam ! »

L'affaire de Creil n'est nullement un incident de parcours. La suite le montrera. Est-ce à dire que la laïcité, depuis 1989, rencontre essentiellement le problème de l'islam ? Le propos serait réducteur, tout comme il serait réducteur de ne pas établir une frontière entre « islamophobie » et critique de l'islam, critique tout aussi légitime que la critique de n'importe quelle autre religion.

Peut-être l'islam constitue-t-il un miroir grossissant (en langue sociologique, on dira un « analyseur ») de questions dont la portée est plus globale. Car il est possible de trouver pertinentes bien des analyses de Mendras sans partager l'aspect un peu « fin de l'histoire » de son propos. Il est exact que les structures d'autorité se sont écroulées : le contexte spécifiquement français de l'affaire de Creil est, rappelons-le, la loi d'orientation du 10 juillet 1989, dite « loi Jospin ». Elle reconnaît, entre autres, des « droits » aux élèves et provoque l'ire des professeurs dits « républicains ». Ceux-ci perçoivent dans la tolérance au port du voile la suite logique de cette (relative) désinstitutionnalisation de l'école.

De même, affirmer que la « multiplicité des possibles détruit les modèles rigides » ou que chacun peut, « mieux qu'hier », construire « son identité à sa guise » demeure un diagnostic toujours valable. Pourtant, Mendras nous semble commettre une triple erreur. D'abord, il croit que liberté et bonheur ont partie liée. C'est loin d'être toujours le cas. Ensuite il fait comme si les déterminations sociales pesaient moins, désormais, sur l'individu : « Chacun veut être soi. » Eh non, nous le verrons, chacun DOIT être soi. Enfin, il articule un jugement de valeur à son analyse. Sociologiquement, il n'est pas plus pertinent d'affirmer les « remarquables progrès » de la tolérance que de prétendre (comme d'autres le font) que l'individu est de plus en plus « égoïste ».

Certes le « droit d'être différent » reste une question d'aujourd'hui. Moins simple que ne le pense Mendras. Car comment concilier ce droit avec les nécessités, les contraintes (permanentes ou nouvelles) du vivre-ensemble ? Mendras n'avait prévu ni que l'individu deviendrait « incertain », ni que l'identité de la France elle-même serait bientôt incertaine.

De l'identité nationale aux identités multiples

Anne-Marie Thiesse (1999), nous montre partout à l'œuvre en Europe, du XVIIIe au XXe siècle, un processus de construction des identités nationales. En France, l'État est une réalité ancienne. La « Nation » a été exaltée par la Révolution. Mais l'identité nationale est longtemps restée un enjeu conflictuel, l'objet du conflit des deux France. Grâce à l'apaisement qui a suivi la séparation, 1914 marque sans doute le zénith de l'identité nationale. Ensuite, les désenchantements de l'après-guerre, la routinisation du régime républicain, la crise des années 1930, l'existence d'un important Parti communiste et (après 1945) de « compagnons de route », Vichy, les guerres de décolonisation ont fragilisé cette identité. Il en a été de même avec le déclin des institutions séculières, qui, chacune à sa manière, enseignaient à être un « bon Français ».

En effet, l'émergence d'un troisième seuil de laïcisation est contemporaine d'une mutation du processus identitaire, bien analysée par Jean-Claude Kaufmann (2004). Longtemps, de façon dominante, l'identité a été « socialement octroyée », les codes de comportements étaient communément reconnus et transmis par la tradition. C'est pourquoi, d'ailleurs, l'identité n'apparaissait nullement une question importante. Les premiers papiers d'identité, comme le livret ouvrier, furent généralement liés à des populations errantes ou à des situations de mobilité qui entraînaient une rupture des liens communautaires. Leur généralisation va de pair avec la montée en puissance de la mobilité à la fois comme réalité empirique (liée au développement des chemins de fer, puis à l'apparition de l'automobile) et comme idéal social (lié à l'école). À notre avis, cette mutation se trouve également liée à la progressive démocratisation de la distinction entre espace public et espace privé et au déplacement des régulations du pouvoir d'une surveillance *a priori* vers un contrôle *a posteriori*.

Mais cette mutation s'est longtemps avérée ambivalente. Le temps du premier et du deuxième seuil est typique de cet état de choses : avec l'aide et sous le contrôle de l'État, les institutions tentent de prendre partiellement la place de la tradition, de créer de nouvelles évidences en matière de comportement. Il s'ensuit « une longue transition du point de vue identitaire, les personnes recevant de l'institution le sens de ce qui ressemble encore beaucoup à un destin, guère différent de l'empreinte communautaire » (*ibid.*, 62). Nuançons un peu : dans une situation où la participation personnelle à la construction de l'identité avait déjà émergé, il est resté quelque chose d'un destin.

Les institutions réussissaient, globalement, ce paradoxe : apprendre à l'individu une conduite autonome et imprégner cette conduite de normes unificatrices ; non seulement elles dictaient ce qu'il faut faire, de façon opératoire, à un moment précis, mais ce qu'il faut faire pour pouvoir paraître un être humain moral et normal. Bref, il s'agissait, finalement, de ce qu'il fallait être. Dans une large part, cela restait donné d'en haut. La mobilité se trouvait canalisée. On pouvait se déplacer plus facilement qu'avant, mais sur des routes balisées. Et s'écarter du « droit chemin », comme le chantait Georges Brassens, entraînait vite des pénalités sociales. Pour prendre un seul exemple, que l'on pense à la charge péjorative que comportaient, il y a un demi-siècle, les expressions de « fille mère » ou de « bâtard » (réemployée aujourd'hui comme injure, sans lien avec une bâtardise réelle, par les adolescents). Il revenait à la morale laïque, à la médecine et à d'autres instances institutionnelles et sociales (le « qu'en-dira-t-on ? » n'était pas la dernière d'entre elles) de baliser la route.

L'État est devenu principalement gestionnaire, les enseignants doutent désormais de leur « mission éducative », la médecine n'a plus de vision unifiée de l'être humain. Alors, il est demandé à l'individu de construire lui-même son identité, de trouver l'unité et la singularité de son « soi », au-delà des conduites pragmatiques multiples qui lui sont imposées, dans mille situations éclatées et partiellement contraintes. Il faudrait maintenant, idéalement, construire sa route au moment même où l'on se déplace. Travail impossible. D'ailleurs, s'il existe moins de routes institutionnellement obligatoires, les routes socialement tracées n'ont pas disparu. Au contraire, elles ont proliféré, avec des carrefours multiples où l'individu est responsable du choix du chemin emprunté... et donc de ce qu'il va lui arriver à l'étape suivante du voyage.

Trois itinéraires identitaires

Parmi l'abondance des itinéraires identitaires, retenons-en trois, assez fréquentés aujourd'hui. Le premier, résultat d'une construction mimétique, est l'identité par le look. C'est sans doute le mode identitaire socialement le plus prégnant aujourd'hui, et on aurait tort de le considérer comme superficiel, n'affectant pas l'individu dans son ensemble. Il apparaît ainsi, pourtant, et ce n'est pas sa moindre séduction. Il susurre à celles et ceux à qui il veut plaire : « Je te laisse entière liberté, car je suis complètement réversible. Tu peux changer de look quand tu veux et comme tu veux. » Le look est en quelque sorte l'envers du squelette vu par Flaubert où « l'intérieur est à l'extérieur, et l'extérieur n'existe plus ». Quand le look prédomine, l'extérieur est l'intérieur, et l'intérieur n'existe plus.

S'il ne faut pas réduire le look à la mode vestimentaire, celle-ci en est la manifestation la plus visible et, en apparence, la plus cohérente : quoi de plus simple, de plus libre aussi, que de changer de vêtements, à partir du moment où l'on dispose de l'argent nécessaire.

En fait, il n'en est rien, notamment parce qu'il s'agit aussi d'une histoire d'argent. Si une analyse de Marx a remarquablement résisté aux mutations sociales, c'est bien celle du fétichisme de la marchandise. Le message publicitaire a remplacé non seulement le message religieux mais aussi celui des institutions séculières comme injonction sociale dominante. Les frontières entre la publicité et le reste du discours médiatique se sont euphémisées. L'hebdomadaire *Elle*, en France, a été un des pionniers d'une telle évolution. Mais attention, n'allons pas conclure à des individus passifs. Si (presque) tout est fait pour, une nouvelle fois, baliser des routes (beaucoup plus courtes qu'avant, cependant), les choix effectués à différents carrefours peuvent révéler des surprises, engendrer des échecs imprévus et des succès encore plus surprenants (G. Erner, 2004, 110 *sq.*).

Par le look, l'individu cherche aussi à devenir autre. La fillette de 11 ans adoptera un soutien-gorge «décoratif» (*sic*, *Le Monde*, 14/4/2003) ou ira à l'école en montrant le haut de son string; sa mère s'habillera, elle, avec des sous-vêtements Petit Bateau et son père, cadre, portera la veste Copeland du marin. Mais cet autre est une image sociale de soi, qu'il s'agisse (dans l'exemple choisi) de l'identité «jeune», valorisée par la société dominante, ou d'une identité de groupe ou de réseau (le bonnet de laine des *ravers*). Cette dernière identité se voudrait contestataire, mais elle ne tarde pas à se trouver reprise par la société marchande.

Un autre itinéraire identitaire, qui s'éloigne, lui, des chemins balisés par la société globale, est ce que Kaufmann (2004, 132) nomme «le recyclage du communautaire par l'identitaire», là – comme d'ailleurs dans d'autres cas de figure – l'individu «éprouve souvent la sensation de se "découvrir" alors même qu'il se construit [...] Comme si l'identité était non à construire mais à trouver, telle une essence secrète, un objet vital qui aurait été perdu» (*ibid.*, 83). Découverte d'une route qui permettrait – enfin! – d'être soi alors qu'auparavant on se trouvait dans une impasse.

La communautarisation de certains espaces urbains, plus ou moins organisée dans d'autres pays, est souvent en France le résultat de processus de ségrégation sociale. Il en résulte dans bien des cas, «un repli communautaire plus subi que voulu» (B. Stasi, 2004, 99 *sq.*). Mais une identité communautaire recomposée peut être également un choix volontaire, lié souvent à des engagements associatifs plus ou moins intenses, à une époque qui valorise l'engagement distancié où l'individu se sert de l'association comme d'un outil pour mener une action non globalisante (J. Ion, 1997). De là des craintes qui se développent dans la société française, qui témoignait pourtant de plus de sang-froid lorsque ces engagements se trouvaient liés à un Parti communiste fort et stalinien. Sang-froid ne signifie pas absence de vigilance mais percevoir la complexité des choses.

À propos de l'islam, naturellement sur la sellette, Olivier Roy (2002, 79) fait une remarque de portée plus générale : même quand l'expérience se veut « totalisante » elle est, dans les pays occidentaux mais aussi, de plus en plus, dans « les sociétés traditionnellement musulmanes », sans possibilité d'« inscrire cette totalisation dans la société existante ». Deux attitudes types existent alors : celle qui recherche comment concilier un islam (ou toute autre religion ou idéal symbolique) que l'on veut orthodoxe avec la société environnante ; celle qui oppose un refus radical à cette société. Le plus souvent, la société globale ne différencie pas les deux attitudes et utilise, sans discernement, le terme d'« intégrisme » pour qualifier les deux, quitte, parfois, à distinguer curieusement un « intégrisme modéré » et un « intégrisme extrémiste » (*sic*, un membre de la commission Stasi. Le rapport de cette commission, lui, n'utilise jamais le terme « intégrisme »). En revanche, la commission « Islam et laïcité » (Ligue de l'enseignement, puis Ligue des droits de l'homme) distingue ceux qui recherchent des accommodements et les radicaux, qu'elle tente ainsi d'isoler. Laïcité exclusive d'un côté, inclusive de l'autre.

Le troisième itinéraire reste l'identité nationale, qui se conjugue maintenant avec la construction d'une identité européenne encore très problématique (Ch. Bertossi, 2001). L'identité française est, depuis longtemps, mal à l'aise face à ses minorités (E. Benbassa, 2004). L'opinion progresse, cependant, qu'il faut désormais savoir conjuguer ensemble unité et diversité. Mais comment le faire de façon laïque ? Cela implique, notamment, que le respect de la diversité culturelle d'appartenance ne contrevienne pas au droit de quitter son appartenance. D'ailleurs, de plus en plus, l'individu effectue des mélanges, des articulations entre différentes cultures, religions et convictions. Encore faut-il, pour que ces articulations ne soient pas appauvries, que les cultures, y compris les cultures religieuses et convictionnelles, aient les moyens de se pérenniser (sans se figer pour autant) et soient portées par des groupes volontaires, qui les fassent évoluer à leurs manières, sans nuire à leurs spécificités.

Il n'est donc pas possible d'opposer un refus global aux revendications allant dans ce sens, et cela a été dit à plusieurs reprises lors de la commission Stasi, même si cela apparaît peu dans le rapport final. Will Kymlicka (2001, 59) propose de distinguer deux types de revendications: «Le premier concerne la revendication d'un groupe dirigée contre ses propres membres», contre la «dissidence interne»; le second «concerne celle qu'un groupe adresse à la société dans son ensemble», pour «se protéger contre des effets résultant de décisions externes» (par exemple, des décisions d'ordre politique ou économique) qui le déstructurent. Il conseille de ne pas accepter ce qui va dans le sens de «contraintes internes» et de se montrer ouvert aux demandes de «protections externes». Même si l'application n'est pas toujours aisée, ce critère de tri permet de sortir du dilemme que constituent soit la référence à un universalisme, en fait autocentré et dominateur, soit l'acceptation différencialiste, dans une logique d'équivalence de tous les particularismes (sans se poser la question des valeurs). Il deviendrait alors possible de dépasser le dilemme entre un être humain qui devrait faire abstraction de toute identité pour accéder à l'universel et un individu assujetti à une identité de groupe. Chaque être humain peut devenir la résultante personnelle de différentes identités. Sans être, alors, englobé par aucune d'entre elles, il peut emprunter à chacune ce qui lui permet de viser à l'universel au sein même d'une singularité préservée.

X

La religion civile, impensé de la laïcité française

« Les valeurs de la République » : cette expression, le sociologue de la laïcité la rencontre très souvent aujourd'hui. Il l'entend dans la bouche d'hommes (voire de femmes, mais elles sont, de toute façon, moins nombreuses) politiques. Il constate aussi que de tels mots jaillissent spontanément des lèvres de ses interlocuteurs quand il les questionne. Et naturellement la laïcité figure en très bonne place (parfois la première, ou même – cela arrive – la seule) dans l'énumération desdites « valeurs de la République ». Laïcité qualifiée alors d'« exception française », autre formule usuelle qui fait écho à la première. Dans ce monde moderne en proie à une « perte des repères », reste au moins une double certitude : la République a des valeurs qu'il faut défendre ; la laïcité est une « exception française » à sauvegarder.

Est-il possible d'en savoir plus ? De comprendre quelle élaboration philosophique et théorique a permis de penser « l'idée républicaine » pour reprendre l'expression de Claude Nicolet (1982) ? Un auteur a tenté de définir « l'esprit républicain ». Les républicains, explique-t-il, « estiment que le régime politique est lié à un mode de vie » autant qu'à « un mode de gouvernement ». Une « société despotique comporte des coutumes despotiques » (usage arbitraire du pouvoir, liens de forte dépendance entre les humains...). Elle « produit un individu d'abord motivé par la crainte ». Au contraire, une République « doit avoir des coutumes républicaines et des mœurs qui conduisent à un esprit public, à développer la capacité des citoyens de sacrifier leur propre intérêt pour le bien commun. [...]

La République doit déraciner la corruption, encourager la vertu. L'État républicain a un rôle éthique, éducatif et même spirituel». Pour qu'il survive, il faut non seulement des institutions républicaines mais aussi «des mœurs républicaines et des citoyens républicains» (R. Bellah, 1980, 9).

Cette analyse rejoint celle de Nicolet, y compris dans le rôle éducatif, moral et aussi spirituel attribué à l'État. Rappelons-nous: «La République emprunte au sacré, voire au divin, ses mots et peut-être plus que ses mots» (1982, 498). Et Nicolet effectuait aussi une distinction entre «une politique de limitation du pouvoir comme celle des Anglo-Saxons ou des libéraux» et une «politique de participation au pouvoir» qui réside surtout «dans la conscience morale et civique de chaque citoyen» (*ibid.*, 357). D'ailleurs, chez notre nouvel auteur, nous trouvons une insistance encore plus grande sur le contraste entre «républicanisme» et «libéralisme». Le fondement doctrinal du libéralisme consiste à penser que l'action des citoyens, «motivés par leurs propres intérêts», aboutit à une bonne société, pour peu que cette action soit «organisée à travers des mécanismes appropriés»: un État gardien de l'ordre public, dont les contraintes légales n'interfèrent pas avec la liberté des citoyens et qui soutient les mécanismes socio-économiques, le marché libre afin de produire des richesses… et de la sagesse. Cette tendance à amplifier le privé et la dimension socio-économique de la vie sociale «mine la participation publique qui est essentielle dans une République», affirme-t-il (R. Bellah, 1980, 10).

Libéralisme et République s'avèrent «antithétiques» au niveau des principes, dans la réalité empirique ils se mêlent l'un à l'autre. Si on retrace l'histoire de la République, on s'aperçoit qu'elle n'a jamais correspondu à un «type pur» de «régime républicain» ou de «régime libéral», mais a toujours été un «mixte» entre les deux, poursuit l'auteur.

Les historiens de la République en conviendront volontiers. Et pourront donner mille exemples significatifs dans l'histoire française. Sauf que nous avons quelque peu truqué les cartes. L'auteur cité à plusieurs reprises, Robert Bellah, est un sociologue américain. Il analyse «sa» République, l'américaine, et non pas la française. Avouez qu'il était possible de s'y méprendre.

Laïcité et religion civile aux États-Unis

Quand on oppose facilement «libéralisme anglo-saxon» et républicanisme français, on oublie, en général, que dès leur indépendance (1776), les États-Unis sont devenus une république et qu'ils sont restés une république pendant toute leur histoire. Faut-il alors établir un contraste entre la République laïque française et la République américaine qui serait fondamentalement religieuse? Certains ne s'en privent pas. Les conférences, les débats sur la laïcité sont suivis, en général, de remarques rituelles provenant de l'assistance. Elles portent sur la devise «*In God we trust*» imprimée sur les dollars, sur le serment au drapeau placé «*under God*» (sous le regard de Dieu) et le créationnisme que l'on pense être enseigné dans les écoles. Il arrive même que l'on entende des propos où le désétablissement de toute religion instauré par le 1er amendement de la Constitution (1791) est retourné en système de cultes reconnus. Il faut alors rappeler que c'est dans une partie de la France (Alsace-Moselle, Guyane) et pas dans les États américains qu'il existe un clergé salarié par l'État. De même, il faut indiquer que les tentatives de grignotage de la séparation américaine se sont, jusqu'à présent, toujours heurtées au veto de la Cour suprême (F. Randaxhe, 2003).

L'opposition ressentie aujourd'hui apparaît d'autant plus significative qu'au XIXe siècle les États-Unis constituaient un modèle pour les pères fondateurs de la laïcité. En 1876, Buisson participe à l'exposition universelle de Philadelphie et en revient très admirateur du système américain. Selon Jules Ferry, «l'utopie de Condorcet» que la France cherche à «réaliser sans y parvenir» fleurit, «rayonne», de façon «à nous éblouir et à nous confondre», «par-delà les mers, dans la libre et républicaine Amérique» (cf. O. Rudelle, 1996, I, 70). Pressensé, de son côté, est allé trouver la formulation de l'article 4 de la loi de séparation dans le dispositif législatif de certains États fédérés des États-Unis (et dans la législation écossaise).

Comme la diabolisation d'aujourd'hui qui en reste à quelques phénomènes visibles sans comprendre leur signification, l'idéalisation d'hier rate la spécificité américaine : un pluralisme de plus en plus foisonnant qui déconnecte « la religion » de « l'Église », des mouvements dits de « Réveil », qui favorisent des changements sociaux et entraînent un dynamisme associatif interconfessionnel, une organisation interne para-démocratique de la majorité des groupes religieux. Le refus d'une Église établie peut, dans ce contexte-là, instaurer un « mur de séparation » entre l'État et les Églises (Th. Jefferson) sans que cela implique une séparation entre religion et morale. Ce n'est pas parce que les billets de banque comportent l'inscription « *In God we trust* » qu'il n'existe pas, outre-Atlantique, un régime de séparation. En revanche, ce n'est pas parce que l'enseignement public est déconfessionnalisé que le religieux est absent (cela, d'ailleurs, Buisson et Ferry le savaient, mais pour faire de l'Amérique un modèle, ils en minimisaient les effets).

La séparation américaine va donc de pair avec un rôle éducatif et moral joué par les différentes Églises, les divers groupes religieux. Ce rôle contribue à forger – autant que faire se peut – la nécessaire école de vertu républicaine. Il favorise aussi l'apprentissage de la participation démocratique à la vie publique. Enfin, dès le XIXe siècle, un symbolisme biblique se trouve incorporé à du religieux républicain déconnecté des Églises, de tout religieux confessionnel. Encore aujourd'hui, il faut distinguer trois types de religion : la religion privée, la religion organisée et la religion civile. Le président de la République prête serment sur la Bible, mais il s'agit d'une Bible fermée, non interprétée (sinon dans l'idée synthétique d'unc Amérique peuple élu, d'un messianisme séculier) (R. Ladous, 1990, 833 *sq.*).

« Religion civile » : l'expression provient de Jean-Jacques Rousseau. Dans le *Contrat social* (1762), il explique la nécessité de cette religion civile : « [...] il importe à l'État que chaque citoyen ait une religion qui lui fasse aimer ses devoirs ;

mais les dogmes de cette religion n'intéressent ni l'État ni ses membres qu'autant que ces dogmes se rapportent à la morale, et aux devoirs que celui qui la professe est tenu de remplir envers autrui.» Il existe donc, selon le philosophe, «une profession de foi purement civile dont il appartient au souverain de fixer les articles, non pas précisément comme dogmes de religion, mais comme sentiments de sociabilité, sans lesquels il est impossible d'être bon citoyen ni sujet fidèle». Pour Rousseau, commente Olivier Ihl (1996, 44), «une société républicaine ne saurait être édifiée sans l'appui d'une transcendance qui se dérobe au jugement. Le contenu en l'espèce importe moins que la fonction. Il s'agit de sacraliser l'être-ensemble collectif, les fondements ultimes de l'ordre social».

Bellah, comme d'autres sociologues (John Coleman, 1970, par exemple), reprend cette notion de religion civile et la met en perspective sociologique. Elle «symbolise l'ordre ultime de l'existence dans lequel les valeurs républicaines prendront sens». Une telle symbolisation peut prendre deux contenus (qui, en l'espèce, importent moins que la fonction): viser une «réalité qui surplombe les normes que la République revendique d'incarner» ou «n'être rien de plus que la République elle-même» (R. Bellah, 1980, 12).

L'invocation de Dieu par George W. Bush lors de la guerre d'Irak en 2003 renvoie au premier type de contenu. Il se rattache à la doctrine du *God's own country* (W. Herberg, 1955), à un messianisme national contre le Dieu des confessions religieuses. La majorité des Églises, en effet, se montraient opposées à cette guerre. Pour Bellah, le «meilleur» et le «pire» dans la politique américaine se rattache à la religion civile. Quand il s'agit de confondre les intérêts américains et le camp de Dieu et du bien en invoquant les droits de l'homme et les valeurs démocratiques, Bellah estime qu'il s'agit du pire (1973, 19). Mais, au-delà de ce jugement citoyen, l'important pour l'analyse sociologique consiste à bien cerner qu'il s'agit de religion civile. Et si on enlevait l'invocation de Dieu pour sacraliser «rien de plus que la République elle-même» nous ne serions pas dans un cas de figure structurellement différent.

Religion civile et laïcité exclusive

À partir de ce constat, nous devons nous poser la question des rapports entre laïcité française et religion civile républicaine. Nous retrouvons l'ouvrage classique, référence de toute une génération d'historiens et de philosophes, de Claude Nicolet, *L'Idée républicaine en France* (1982). Deux faits étonnants, rapprochés l'un de l'autre, deviennent significatifs. D'abord, alors que la République française est laïque, l'auteur escamote tout développement sur la laïcité sous prétexte qu'elle serait « trop connue pour que l'on y insiste longuement » (*ibid.*, 448) ou que l'on s'« y attarde encore » (*ibid.*, 499). Deux bottes en touche d'autant plus surprenantes qu'elles ne sont accompagnées d'aucun renvoi bibliographique, dans un ouvrage fort érudit, qui en est naturellement friand. Faut-il alors en rester, en matière de laïcité, à la foi du charbonnier ? L'interrogation trouve une réponse dans un second constat : cet ouvrage, jalonné par des indications sur les liens entre République et « domaine spirituel » (*ibid.*, 358) ou « sacralisation du politique » (*ibid.*, 197 *sq.*), n'aborde jamais de front la question de la religion civile, bien que cette dernière affleure à de multiples reprises.

Dans certains passages, le lecteur averti sait que la religion civile est au cœur du sujet. Pourtant l'expression n'y figure pas. Un exemple : les pages 368-371 commencent par l'évocation de l'obligation de la « profession de foi civile » chère à Jean-Jacques Rousseau. Elles se terminent par l'indication que la République a effectué, dans certains cas « une application formelle de la doctrine du *Contrat social* »... sans dire que cette doctrine est précisément la religion civile.

Quels sont les cas évoqués ? Les congréganistes dont nous avons déjà parlé. Mais aussi « les musulmans » lors de la « conquête coloniale » : « Il ne peut y avoir pour les musulmans qui ne renonceraient pas à leur statut religieux et civil d'accès à la citoyenneté française. [...] La République ne reconnaît que l'intégration ou la sujétion. L'intégration signifie l'acceptation complète et formelle de la loi civile et de la "profession de foi" patriotique. Solution héritée de l'histoire romaine, la sujétition (colonies, protectorats, etc.) est reconnue et professée par l'ensemble des républicains [...] au nom d'un tout autre idéal que celui du contrat – par exemple au nom de ce droit positiviste des civilisations supérieures.» Et Nicolet précise que républicains et bonapartistes sont d'accord sur la nécessité de partager la «profession de foi civile» pour être inclus dans la collectivité nationale (*ibid.*, 369 *sq.*).

La religion civile induit donc une double dualité: la dualité inclusion/exclusion et une dualité République/Empire. La République exclut déjà des «hérétiques» de sa profession de foi: les congréganistes, sans parler des femmes. Elles ont beau, pour certaines, professer activement la foi civile, elles n'en restent pas moins suspectes et se verront refuser le droit de vote jusqu'en 1944. Et la République, hors de l'Hexagone, se mue en Empire où les colons sont censés partager la «profession de foi civile» dont les indigènes se trouvent, en règle générale, exclus. Admirez le tour de magie: la religion civile sacralise les droits de l'homme en les mettant au cœur de la «profession de foi civile», et cette sacralisation permet de ne pas les respecter. Face à un tel paradoxe, escamoter le terme «religion civile» permet d'esquiver le problème. Il subsiste cependant et, aujourd'hui, s'avère boomerang.

Nicolet n'est pas le seul à éviter soigneusement d'utiliser l'expression «religion civile». On ne la trouve pas non plus chez Durkheim, pourtant grand admirateur de Rousseau et en similitude de pensée avec lui sur ce point. Sous la IIIe République, de façon plus générale, «la présentation du fameux chapitre VIII du *Contrat social* relève soit d'un silence gêné soit d'une condamnation sans appel» (O. Ihl, 1996, 50), comme s'il suffisait d'un rejet de principe de la chose pour en être indemne. En fait, «si la notion de religion civile est frappée d'interdit, le problème qu'elle pose ne disparaît pas pour autant» (*ibid.*, 51). Le groupe des «républicains communautaires», avec Paul Bert, souhaite l'instauration d'une «religion patriotique» qui permette une «subordination des droits individuels à l'appartenance civique que pose la nation». Au contraire, l'antijacobin Jules Ferry se méfie de cette instauration d'un corps indivis. Son refus d'une religion civile le fait accuser d'avoir «l'athéisme de la patrie» (cf. O. Ihl, *ibid.*, 83).

L'opposition entre Paul Bert et Jules Ferry se double d'un contraste entre Émile Combes et Aristide Briand. Nul attrait pour la religion civile chez ce dernier, et cela lui permet d'envisager et de réaliser une séparation des Églises et de l'État à caractère libéral, contre ceux pour qui la structure hiérarchique et le contenu dogmatique des doctrines du catholicisme apparaissaient difficilement conciliables avec la «profession de foi civile» républicaine. En revanche, quand la jeune princesse Jeanne Bibesco, en religion mère Bénie-de-Jésus, prieure du carmel d'Alger, demande à son grand ami Émile Combes de lui indiquer l'auteur dont une seule phrase résumerait ce qu'il a toujours pensé, le président du Conseil lui cite précisément les lignes du *Contrat social* qui prônent la religion civile (G. Merle, 1995, 418). L'attirance pour la religion civile se trouve donc ici en affinité avec une laïcité exclusive, une laïcité de combat. La laïcité contenue dans la loi de 1905 est, au contraire, une laïcité inclusive, un pacte laïque qui rompt avec la religion civile républicaine et ses aspects excommunicateurs.

La dialectique de la liberté de penser et de la liberté de conscience

Les divergences entre les partisans d'une laïcité intransigeante et les tenants d'une laïcité plus conciliatrice recoupent donc souvent des différences d'appréciation et d'action sur les liens entre laïcité et religion civile, même si cette dernière expression est rejetée dans l'impensé. Mais si les tenants d'une religion civile républicaine sont souvent des laïques intransigeants, il n'est pas impossible de rechercher une religion civile conciliatrice. C'est le cas du *Tour de la France par deux enfants*, où, nous l'avons vu, la République n'est pas mise en avant de façon explicite. Les convictions républicaines de Mme Fouillée ne sont pas en cause. Elle avait sans doute plus ou moins obscurément compris que l'irénisme, la recherche de consensus, impliquaient de prôner avant tout une religion de la patrie. Et cela s'avérait tout à fait possible en 1877, où le nationalisme n'était pas l'apanage d'un courant de droite. L'ouvrage favorise d'autant plus une hégémonie culturelle républicaine que la République se fait discrète. De même, en souhaitant en 1881, contre Jules Ferry, que la loi sur l'obligation scolaire mentionne de façon explicite et conjointe «les devoirs envers Dieu et envers la patrie», Jules Simon va dans le sens d'une religion civile conciliatrice.

Il faut donc effectuer une analyse à deux niveaux pour saisir la relation de proximité et de distance entre l'institution morale et civique de l'école laïque républicaine et la religion civile; les rapports de la République et de la patrie, les rapports de l'individu et du groupe. Pour Ferry, la laïcisation de la morale doit s'accompagner d'un enseignement civique sur la légitimité de l'État républicain. Cela peut être un facteur de religion civile. Il est hostile, en revanche, à une absorption de l'individu par le groupe – ce que Durkheim estimera être une faiblesse. L'ordre collectif doit tenir compte des différences. «Les questions de liberté de conscience ne sont pas des questions de quantité, affirme le président du Conseil à ses détracteurs, ce sont des questions de principe; et, la liberté de conscience ne fût-elle violée que chez un seul citoyen, un législateur français se fera toujours un honneur de légiférer, ne fût-ce que pour ce cas unique» (applaudissement à gauche, rumeurs à droite) (cf. O. Rudelle, 1996, II, 55 *sq.*).

Certes, la liberté de conscience défendue est celle de «quelques protestants» et «d'un très petit nombre de libres-penseurs» (*ibid.*). Mais Ferry ne réduit nullement la liberté à celle de ses amis. Engagé dans la lutte contre les jésuites et d'autres congrégations (ce qui risque d'aller vers l'imposition d'une religion civile), Ferry se montre pourtant l'adversaire résolu «de tout système qui, ouvertement ou d'une façon déguisée, tiendrait à imposer aux consciences une foi philosophique». Il estime que l'enseignement libre constitue pour l'État «une concurrence nécessaire»: «Il faut, à côté de l'Université, des établissements libres qui [...] aillent de l'avant, qui courent des aventures», ce que l'État ne peut pas faire puisqu'il ne saurait se confondre avec une avant-garde (cf. O. Rudelle, 1996, I, 463, 458). Cette conviction oriente son action. Quand un rapport de son cabinet indique que «nulle part, rien n'a été changé» dans les établissements, hier congréganistes et désormais tenus par des catholiques laïcs ou des prêtres séculiers, quand ce rapport lui suggère de fermer ces établissements, Ferry refuse. En règle générale, après s'être dispersés par petits groupes, les congréganistes réintègrent progressivement leurs locaux les années suivantes. Dans la mémoire commune, pourtant, le souvenir du conflit subsiste, et non celui de son arrêt qui, naturellement, s'effectua de façon discrète.

Nous trouvons à l'œuvre chez Jules Ferry une dialectique de la liberté de penser et de la liberté de conscience. La liberté de penser amène à combattre ceux qui lui sont contraires. Pourtant, la liberté de conscience limite nécessairement ce combat. Sinon la liberté de penser elle-même se perd, car elle se transforme en nouveau dogmatisme, en domination d'un nouveau contenu de pensée. Il faut donc englober la liberté de penser par la liberté de conscience, y compris par la liberté de conscience des adversaires: l'enseignant laïque n'a pas à se comporter comme «l'apôtre d'un nouvel Évangile» laïque, et les livres d'instruction morale et civique ne doivent pas être utilisés comme «une sorte de catéchisme nouveau». Au contraire, dit le ministre à «Monsieur l'instituteur»: «Demandez-vous si un père de famille, je dis bien un seul, présent à votre classe et vous écoutant, pourrait de bonne foi refuser son assentiment à ce qu'il vous entend dire.» Et là, il s'agit clairement, pour Ferry, d'un «seul honnête homme»... catholique (cf. J.-M. Gaillard, 1989, 460 *sq.*).

Une religion civile : le culte des morts de la Grande Guerre

Globalement le pari a été tenu. Au grand dam de ceux qui veulent « laïciser la laïque » au début du XXe siècle, l'école publique a majoritairement adopté une ligne ferryste, une laïcité inclusive et souple qui ne s'est muée ni en religion nationale conciliatrice, ni en religion républicaine combative, même si des éléments de ces deux religions civiles n'ont pas été absents (J. Baubérot, 1997). Elle a certes acclimaté les Français au régime républicain, mais sans réellement le sacraliser. La République est présentée comme le régime du progrès. Un progrès qui peut et doit être amélioré par l'action de chaque Français : le progrès progresse sans cesse.

Comment continuer ce discours après les horreurs de la guerre de 1914-1918 ? Le progrès a montré son ambivalence : il a fait œuvre de mort, a ruiné des vies par le gaz asphyxiant, nouvelle arme chimique. Dès la déclaration de guerre, une relative « Union sacrée » a été instaurée autour d'une sorte de religion de la patrie. Les « deux jeunesses » qui ne devaient pas pouvoir se comprendre avaient cependant appris, dans leurs écoles respectives, que « se sacrifier pour la France » constituait un « devoir moral ». Huit millions d'hommes mobilisés, 1400000 morts et plus de 700000 mutilés : presque toutes les familles françaises sont atteintes. Avant même la fin des hostilités, le 1er ou le 2 novembre – jour de la « fête des Morts » dans le catholicisme –, des manifestations sont organisées pour commémorer les morts de la guerre. À la fin du conflit, de nombreuses communes érigent des monuments aux morts. La loi du 25 octobre 1919 propose de subventionner leur construction « en vue de glorifier les héros morts pour la patrie ».

Pour Antoine Prost (1984, 219), « le culte républicain des morts de la guerre, tel qu'il se constitue et se pratique entre les deux guerres est sans doute le seul exemple historique de religion civile, au sens de Rousseau », qui ait réussi à être pratiqué en France. Cela est sans doute exact car les tentatives de religion civile sous la Révolution française ont rapidement échoué et les projets du début de la IIIe République ne se sont pas vraiment réalisés. Pourquoi ? Parce qu'une religion civile, pour être consensuelle, doit comporter deux aspects : un aspect de « religion civique, une dévotion à l'unité du corps social », et un aspect de « *common religion* », selon le terme utilisé par les sociologues anglo-saxons. Cette expression renvoie « à l'ensemble diffus des croyances, représentations et évolutions qui définit l'univers philosophico-religieux et éthique d'une population [...], la religion diffuse caractéristique d'une société » (J.-P. Willaime, 1993, 572). Contrairement aux États-Unis, la religion civile républicaine n'a jamais pu être consensuelle en France. Elle peut difficilement se réclamer de Dieu (« viser une réalité qui surplombe les normes que la République revendique d'incarner », selon Bellah) à cause de la situation de quasi-monopole religieux de l'Église catholique et de son rapport longtemps conflictuel à la République. Elle ne peut pas davantage sacraliser la République (« n'être rien de plus que la République elle-même ») sans se heurter à l'autre France. Mais cette impossible réalisation de la religion civile n'a pas empêché – nous l'avons constaté en relisant Claude Nicolet – que des éléments de religion civile républicaine se soient mélangés à la laïcité, se soient réclamés d'elle et presque confondus avec elle.

Face au traumatisme, « la fête du 11 novembre est celle des citoyens par les citoyens eux-mêmes : elle les conforte dans leur civisme et le transmet aux jeunes générations ». À cet effet, elle mobilise des « habitudes religieuses empruntées au catholicisme encore familier, en ordonnant dans l'espace et le temps suivant un rituel précis le mouvement et l'immobilité, le silence et le chant, les symboles, les gestes et les paroles » (A. Prost, 1984, 222). Dans cette circonstance, « l'utilisation des gestes symboliques traditionnels [est] la meilleure manière de traiter une situation difficile, riche en émotions et surtout pleine de choses à dire et ne pas dire. Car les rituels savent parler, d'une certaine manière, mais tout autant éviter les paroles » (H. Hatzfeld, 1993, 113). Et comme la mort a frappé républicains et conservateurs, libres-penseurs et membres des différentes « familles spirituelles », ce n'est pas une République militante qui est l'objet du culte, c'est la France elle-même à travers ses morts.

Des visions divergentes de la laïcité et de la France

La fraternité et l'horreur des tranchées conduisent beaucoup de Français à considérer la continuation de la situation antérieure comme impossible. Les Compagnons de l'Université nouvelle ressentent que le temps de l'État républicain émancipateur est fini. Ils souhaitent une République plus sociale. Leur projet d'« école unique prolongée » réduirait fortement le cloisonnement entre l'enseignement primaire, l'enseignement secondaire et même l'enseignement supérieur pour les élèves qui en auraient la capacité. Cela demanderait une mobilisation des moyens et des énergies qui amènerait, selon eux, l'octroi de subventions à l'enseignement privé « dans la mesure où il remplit une fonction de l'État » que l'État n'a pas les moyens d'assurer directement.

Cette vision n'a pas prévalu. Certes le compromis de 1923-1924 sur l'association diocésaine (cultuelle catholique présidée par l'évêque), le gel des mesures anticongréganistes et surtout la non-application (provisoire en théorie, durable en pratique) des lois laïques à l'Alsace-Moselle redevenue française manifestent une laïcité fort accommodante, voire, pour certains, trop tiède. Mais cela ne s'accompagne pas d'un grand dessein. Le seul acquis important est la mise à l'Index par le Vatican, en décembre 1926, de *L'Action française*. Cela détourne nombre de catholiques d'un national-catholicisme antirépublicain.

La morale laïque ne peut plus avoir le souffle d'antan depuis que le progrès, avec la Grande Guerre, apparaît œuvre de mort comme source de vie. Même l'accent sur la dignité s'euphémise fortement. Deux visions de la laïcité scolaire, et par-delà deux visions de la France, s'opposent. La première, défendue notamment par Jean Izoulet, professeur au Collège de France, prône une réconciliation conservatrice avec une religion qui ne s'opposerait plus à la « cité terrestre ». Ce « vrai laïcisme » mettrait la religion au « service de la cité » et redonnerait une place à « un Dieu conforme à la raison » et révélé par elle. Mussolini est loué d'avoir, en Italie, réconcilié la nation et Dieu (cf. P. Ognier, 1994, 198 *sq.*). Il s'agirait alors d'une religion civile républicano-nationale

Face à cela, une vision militante de la laïcité allie libération intellectuelle, pacifisme et émancipation sociale. Elle se développe au Syndicat national des instituteurs et dans son organe, *L'École libératrice*. On dénonce un faux laïcisme « jacobin » qui considère la nation comme « un Dieu exigeant et jaloux ». On promeut un « laïcisme syndicaliste et prolétarien » qui ne sépare pas laïcité et « bataille économique et politique » (*ibid.*, 210, 214). Science, socialisme et révolution constituent des références fortes et le Front populaire engendrera espoirs et déceptions.

« Divine surprise » pour les ennemis de la laïcité, Vichy attire aussi certains transfuges comme Marcel Déat (qui avait présenté le rapport sur la morale laïque au congrès de 1932 de la Ligue de l'enseignement). Minimisant les raisons matérielles et proprement militaires de la défaite, le nouveau régime estime que la débâcle sanctionne une longue décadence. L'acceptation de la défaite se double d'une politique de collaboration : la France va se rénover dans la souffrance et prendre place dans une Europe nouvelle.

Malgré certaines mesures « cléricales » (comme les subventions aux écoles privées), Vichy n'a pas remis en cause la séparation des Églises et de l'État. Et les combats de la résistance ayant uni (en dépit des positions souvent pétainistes de l'Église catholique officielle) « celui qui croyait au Ciel, celui qui n'y croyait pas » (Aragon), la constitutionnalisation de la laïcité, en 1946, symbolise une seconde fois l'idée que la France n'est pas une « nation catholique » mais une « République laïque ».

Cependant, l'image de la laïcité va se ternir dans l'opinion car elle va subir trois échecs. Le premier, si indirect soit-il, n'en est pas moins important. Il s'agit des guerres de la décolonisation. Cet échec dément l'idéal laïque d'une République éducatrice et émancipatrice. Il démoralise une grande partie du corps enseignant qui avait transmis cet idéal. Le second est l'échec du plan Langevin-Wallon de rénovation de l'école. Le troisième est l'insuccès de la commission Philip qui, à la Libération, ne permet pas l'arrêt des subventions à l'école privée dans un climat de concorde.

Dès 1951, le principe du non-subventionnement se trouve mis en pièces, et la loi Debré (1959) va constituer, pour les militants laïques, un véritable coup de massue. Il n'est nullement question, alors, d'affirmer que la laïcité serait une «exception française». Au contraire, selon Jean Cornec (1965, 487), figure de proue du Comité national d'action laïque (CNAL), d'autres pays, comme l'Amérique de Kennedy et de Johnson, peuvent lui donner des leçons de laïcité. Sans parler du Mexique... Avec la loi Debré, la France subit «Vichy sous de Gaulle» (*ibid.*, 271).

La laïcité est-elle une exception française?

Jamais utilisée par les pères fondateurs, impensable sous de Gaulle et ses successeurs, l'expression «laïcité exception française» va faire florès dans les années 1990 à la suite des affaires de foulards. Ce nouveau problème s'emboîte avec la fin de la querelle école publique - école privée. Celle-ci se termine, on le sait, avec les grandes manifestations de 1984 en faveur de l'école privée, le retrait du projet Savary et la manifestation de janvier 1994 contre la modification de l'article 69 de la loi Falloux, où les partisans de l'école publique prennent une revanche symbolique. À noter: dans cette manifestation défile une camionnette de SOS-Racisme. Sur l'arrière, un groupe de rock accompagne une jeune beurette, vêtue d'un foulard, qui chante à plein poumon un refrain à la gloire de la laïcité.

La situation n'est pas encore univoque. Elle ne tarde pas à le devenir. Avec une impressionnante et significative rapidité, l'intensité de la querelle scolaire est oubliée. En 1982, lors du centenaire des lois scolaires laïques, les subventions publiques aux écoles privées mettent encore, pour un très grand nombre de gens, la laïcité dans le plus grand des périls. À la veille du centenaire de la séparation des Églises et de l'État, effectuer une critique de la loi Debré vous fait considérer comme « rétrograde » et « sectaire ». Votre propos n'a pas d'impact social. En revanche, la laïcité, identifiée, hier, avec le refus des subventions à l'école privée, est souvent comprise, maintenant, d'abord comme le refus du port du foulard à l'école. Quand un sociologue interroge diverses personnes sur la laïcité, en France, c'est de loin le premier sujet spontanément abordé. Par ailleurs, la loi de mars 2004 interdisant le port des signes religieux ostensibles dans les établissements scolaires publics constitue la première loi, la seule à ce jour, qui comporte le terme « laïcité » dans son titre.

Le foulard met en jeu une vision de l'école ; les positions que l'on adopte à son égard varient suivant la signification qu'on lui attribue par rapport à l'égalité des sexes. Il est donc logique que les points de vue divergent. Mais une chose est l'opinion, une autre le constat de réduction de la laïcité à un problème, hier les écoles privées, aujourd'hui le voile, le constat aussi d'une confusion entre la réalité sociale et les feux de l'actualité. Par ailleurs, quand les personnes prétendent, de bonne foi, que la laïcité était consensuelle il y a vingt ans et assurent qu'il s'agit d'une « exception française », il faut se demander quelle est la signification non consciente de ce discours souvent répété. À l'insu de ses auteurs, il risque de transmettre l'idée implicite : « Que nous étions bien, entre Français de souche, quand l'islam (ou un certain islam) n'apparaissait pas revendicatif ! » Dans nos interviews, il nous a semblé souvent entendre poindre la nostalgie d'une époque où les musulmans ne faisaient pas de bruit, restaient discrets, se contentaient, finalement d'être des travailleurs immigrés.

Le second risque est celui de la représentation d'une France qui seule serait laïque (avec la Turquie, concède-t-on parfois), d'une laïcité hexagonale perdue dans un océan menaçant, d'une France-Astérix dépourvue de potion magique. Les critiques manifestées par l'opinion publique de la plupart des pays démocratiques face à la loi de mars 2004 renforcent considérablement cette impression. Que de fois entendons-nous dire : « Mais, de toute façon, ils ne peuvent pas nous comprendre », le « ils » étant indistinctement les autres Européens et les habitants des divers continents. Ce stéréotype prend valeur d'évidence, non par une quelconque démonstration mais grâce à la méthode Coué. Si on n'y prend pas garde, il pourrait, à la longue, engendrer une certaine paranoïa.

Pour avoir présenté la laïcité en France en différents lieux de vingt-six pays des cinq continents, l'auteur de cet ouvrage peut indiquer que traiter ce sujet ne présente aucune difficulté spécifique. Le Grand Orient de France définit la laïcité comme la séparation des Églises et de l'État et la liberté de conscience, quand il veut la présenter aux nouveaux ou futurs pays de l'Union européenne. On peut y ajouter l'égalité des religions et des convictions non religieuses, la neutralité de l'école, la liberté de penser, d'autres choses encore. Toutes ces notions sont parfaitement comprises, et leur concrétisation discutée tout à fait logiquement. Très souvent, j'ai rencontré des interlocuteurs, notamment des étudiants américains, japonais, belges ou italiens, qui trouvaient que la France n'est pas assez laïque. Le maintien du Concordat, non révisé depuis 1801, du système des cultes reconnus en Alsace-Moselle avec un clergé salarié par l'État ; les substantielles subventions aux écoles privées ; l'inexistence de conseillers humanistes séculiers à côté des aumôniers dans les écoles, hôpitaux, prisons, aéroports se trouvaient notamment mis en cause.

Ce n'est pas la laïcité qui est incompréhensible, pas du tout. Le croire permet de se rassurer à bon compte, de se bercer d'illusions, de refuser de regarder en face certaines réalités. Ce qui fait problème à l'« étranger », auprès de tous ceux (et ils sont nombreux) qui sont susceptibles de s'intéresser à la laïcité, c'est d'abord la confusion entre laïcité et religion civile franco-républicaine, ce sont ensuite les grands écarts de la laïcité française, l'existence en France d'une laïcité à géométrie variable, l'absence complète de logique interne, de cohérence laïque au pays de Descartes. Les critiques d'un public averti, de nombreux pays, nous disent en substance : « Ayez une laïcité, laïcité libérale ou autoritaire, c'est votre affaire. Veillez, cependant, à ce qu'elle soit à peu près la même pour tout le monde. »

Autre exemple : l'absence de cours confessionnels de religion dans les écoles publiques est facilement comprise, souvent appréciée. L'accord se manifeste aussi bien dans des pays où ce cours est également absent (Japon, États-Unis...) que dans ceux où il existe (la plupart des pays européens). Mais partout certains ajoutent : « Pourquoi parlez-vous, depuis quinze ans maintenant (la commission Joutard, sur ce sujet, date de 1989), d'un enseignement "d'histoire des religions" ou d'un enseignement sur le "fait religieux" (rapport Debray, 2002) sans passer massivement à l'acte ? » Les initiatives prises – comme la création d'un Institut européen de science des religions à l'École pratique des hautes études – suscitent une réaction d'estime, mais on voudrait plus. On souhaite que la France propose un modèle novateur et le mette en application chez elle, pour pouvoir à son tour le prôner dans son propre pays (M. Estivalezes, 2003). Une laïcité dynamique, apte à inventer des solutions neuves, pourrait être (au contraire de l'anticléricalisme selon Gambetta) un « article d'exportation ».

La controverse sur « l'héritage religieux »

Débarrassons-nous de la logique du tout ou rien : affirmer que la laïcité ne constitue pas une exception française ne signifie nullement prétendre qu'il n'existerait pas certaines spécificités françaises en matière de laïcité. Il s'agit simplement de se débarrasser d'une optique qui perçoit un mur d'incompréhension obligatoire, une hétérogénéité substantielle entre la France et d'autres pays. Ayons plutôt une approche où le principe de laïcité, son interprétation et ses applications, puisse circuler d'un pays à un autre. Dans cette optique, la France peut recevoir des leçons de laïcité, elle peut aussi en donner.

Sortir d'une vision franco-française, concevoir une laïcité en mouvement, devient sans doute une urgence à l'échelle de l'Europe. Même si chaque État garde la maîtrise du statut institutionnel de la religion sur son territoire (article 51 du projet de Constitution européenne), « plus l'Europe avancera dans son intégration, plus elle devra dire comment elle conçoit la place et le rôle des religions et définir le type de relations qu'elle entend avoir avec elles » (J.-P. Willaime, 2004, 112). Or, pour le moment, la France apparaît, en matière de laïcité, singulièrement sur la défensive, velléitaire, peu capable d'assumer et de défendre clairement les positions qu'à un moment donné elle adopte.

Ainsi, lors de la rédaction du préambule de la Charte européenne des droits fondamentaux, à la double demande de Jacques Chirac et de Lionel Jospin, la délégation française a refusé la proposition, provenant essentiellement de la CSU bavaroise (l'Union chrétienne-sociale), d'indiquer : « S'inspirant de son héritage culturel, humaniste et religieux, l'Union [européenne] se fonde sur des principes indivisibles et universels de la dignité de la personne [...]. » Elle a obtenu le remplacement de cette formule par : « Consciente de son patrimoine spirituel et moral, l'Union se fonde [...] » (G. Braibant, 2001, 72 *sq.*).

Cette substitution a suscité un tollé de certains, en France même. « Peut-on nier l'héritage religieux de l'Europe ? » a-t-on demandé de divers côtés. De nombreuses personnalités académiques, politiques, religieuses des Églises chrétiennes ont dénoncé, dans *Témoignage chrétien* (7/12/2000), un « climat de crispation et de méfiance » à l'égard des religions. La Fédération protestante de France, connue pour son attachement à la laïcité, s'est émue. Marcel Gauchet a déclaré : « Nous sommes devant une grosse maladresse, révélatrice d'un archaïsme philosophique et politique qui perdure hélas » (cf. J.-P. Willaime, 2004, 121). Lionel Jospin, bien plus attaqué dans cette affaire que Jacques Chirac, s'est borné à répondre que la formulation initiale soulevait pour la France « des difficultés d'ordre constitutionnel et mettait en cause le caractère universel des valeurs et des droits que l'on entendait proclamer» (*Le Figaro*, 30/7/2001). Lors du projet de Constitution européenne, le débat s'est déplacé. Il a opposé ceux qui voulaient mentionner un «héritage chrétien», ou même mettre le nom de Dieu dans le préambule de la Constitution – et l'attitude de certains évêques français n'a pas été dépourvue d'équivoque sur ce point, comme l'a montré Marc Andrault (2003) –, et ceux qui ont accepté les «héritages culturels, religieux et humanistes» au pluriel. Enfin, l'article 51 parle d'«un dialogue ouvert, transparent et régulier» de l'Union avec les Églises et les organisations philosophiques et non confessionnelles.

Jean-Paul Willaime (2004, 123 *sq.*) estime que le refus français, lors de la Charte, de mentionner un héritage religieux de l'Europe constitue une triple erreur historique, philosophique et sociologique. Sur ce dernier plan, il indique: «Cette laïcité crispée ne semble pas avoir intégré le fait que la laïcité a pénétré les consciences religieuses elles-mêmes et qu'en Europe beaucoup déclinent une identité religieuse tout en étant à l'aise dans une société sécularisée et pluraliste.» Argument à prendre en considération, mais le problème est peut-être plus complexe. En 1950, la Convention européenne des droits de l'homme avait défini des droits sans parler de la religion autrement que pour indiquer qu'elle doit être libre. Personne n'avait trouvé cela scandaleux, à une période pourtant où des partis démocrates-chrétiens avaient une forte influence politique en Allemagne, en Italie et même en France. Il n'en a pas été de même un demi-siècle plus tard parce qu'on s'est préoccupé de définir, allusivement, les fondements des droits. L'entreprise est forcément hasardeuse; certains peuvent la réserver au débat, à la libre appréciation de chacun.

Rédiger des manuels d'histoire européenne est sans doute une entreprise essentielle à accomplir dans le cadre de la construction européenne. Là, passer sous silence les différents rôles des différentes religions serait effectivement du «sectarisme». Le problème consistera bien davantage à en parler de la façon la plus scientifique possible. Mais il n'est nullement question de cela ici: une Charte, une Constitution ne sont pas des livres d'histoire. Il s'agit de textes juridiques. Être réservé face à la mention de « l'héritage religieux » ne revient nullement à nier un tel héritage. Il s'agit simplement de dire que ce n'est peut-être pas le lieu d'en parler et que la mention d'un « héritage religieux » ne peut faire l'économie de précisions qui rendent compte de la complexité de cet héritage.

La double question que nous voudrions poser est la suivante : que veut-on dire quand on veut absolument mentionner une « inspiration » par l'héritage (ou les héritages, ce qui est déjà beaucoup mieux) religieux ? Qu'implique un « dialogue ouvert, transparent et régulier » ? Si cela signifie que les consciences, individuelles ou librement associées, peuvent s'inspirer à leur gré de cet héritage, fort bien. Si cela implique que les institutions européennes doivent s'inspirer peu ou prou de cet héritage et que les normes religieuses ne sont pas tout à fait dissociées des normes civiles, la France ne peut-elle pas... s'inspirer de son héritage laïque, ou plutôt des principes laïques qui sont le résultat de son histoire, pour opposer une autre vision des choses, une vision à expliquer beaucoup plus clairement que cela n'a été fait jusqu'ici.

Il en est de même pour l'article 51. S'il entend signifier que les Églises (= les religions, ce dernier terme serait plus juste), comme toute autre association ou groupe de pensée, peuvent s'exprimer dans la sphère publique, faire des propositions de sens, énoncer des avis, fort bien. Toujours d'accord pour que les institutions ne soient pas sourdes aux multiples voix qui exposent différents points de vue de la société civile. Mais pourquoi alors avoir dissocié Églises et autres associations, mentionnées à un autre article ? Si les Églises, si peu que ce soit, surplombent la société civile au lieu d'en être partie prenante, alors le cléricalisme pointe le bout de l'oreille.

Une nouvelle religion civile

Il n'est pas impossible que le refus de la mention de « l'héritage religieux » ait été lié chez certains à une laïcité plus ou moins « crispée ». Mais que dire alors du fait de considérer comme un événement dramatique son remplacement par « patrimoine spirituel » ? Si les Églises sont dynamiques, si beaucoup d'Européens se sentent concernés ou attirés par leurs messages, leurs rituels, leurs diverses manifestations de vie religieuse, la non-mention de « l'héritage religieux » dans les textes de nature juridique ne leur créera aucun handicap. Cette mention, à l'inverse, ne leur donnera aucune vitalité si elles en manquent.

Nous avons montré, à différentes reprises, les aléas de l'idéologie du progrès. Sa crise n'est pas douteuse. Arrive aujourd'hui une pensée rétrospective qui, face à un avenir incertain, insiste sur l'importance de l'enracinement dans le passé. Il revient peut-être à un historien de prendre une égale distance avec cette nouvelle idéologie. Parce que l'horizon n'est pas très visible, attention à ne pas privilégier le regard en arrière. Les héritages culturels, religieux et humanistes peuvent être précieux à condition de ne pas imposer leurs normes. Être humain, sois libre de trier dans tes héritages, d'aller de l'avant malgré le brouillard, d'inventer des héritages futurs...

Un ouvrage à succès d'un évêque, Hippolyte Simon, *Vers une France païenne ?* (1999), livre une des clefs de l'enjeu. En effet l'auteur fait preuve d'ouverture et de pluralisme. Il se meut à l'aise dans la laïcité. Il n'opère pas de coupures entre les catholiques et d'autres. Il inclut dans son camp les autres chrétiens, les juifs, les musulmans et, au bout du compte, tous « ceux qui [selon lui] reconnaissent la dignité de la personne humaine comme la valeur éminente » (*ibid.*, 170). L'autre camp, le mauvais, serait formé par « diverses formes de religiosité » explicites ou non qui, derrière leur nouveauté apparente, se ramèneraient toutes au « polythéisme païen ». Les valeurs fondamentales de la France républicaine, de l'Europe démocratique, seraient donc menacées par de nouvelles formes de « paganismes ». Le salut consisterait à prendre conscience qu'il faut se ressourcer dans l'héritage religieux de l'humanisme pour que l'humanisme lui-même puisse continuer à exister : « La laïcité est vis-à-vis du christianisme comme le lierre avec son arbre : elle en a besoin pour vivre et se développer» (*ibid.*, 59). Voilà où nous conduit la pensée rétrogressive : le présent n'a pas le droit à la rupture, à la novation, il n'est légitime que s'il se ressource au passé, s'il est normé par le passé.

Analysant ce livre au niveau de la stratégie qu'il implique, Danielle Hervieu-Léger (2003, 37) indique : « il s'agit de revaloriser les médiations institutionnelles du christianisme pour le bénéfice inséparable de l'Église [catholique] et de la laïcité. » Nous trouvons là une religion civile implicite, une catho-laïcité (ou une christiano-laïcité ou une laïcité œcuménique, peu importe). Stratégie habile, car le désenchantement des valeurs séculières empêche, de façon générale, d'invoquer la science ou le progrès d'une façon qui ne serait pas inclusive par rapport au catholicisme, ou même au « judéo-christianisme » (l'islam se trouvant dans une position socialement beaucoup plus ambivalente).

Dès 1993, J.-P. Willaime (1993, 576) a perçu la possibilité d'une catho-laïcité, religion civile à la française, « syncrétisme » entre la religion civique républicaine et la *common religion* qui imprègne encore la France. Trois ans plus tard, François Mitterrand, premier président de la République qui soit socialiste, en donnait une possibilité explicite par son énigmatique : « Une messe est possible. » Il en a eu deux, dont l'étude précise révèle « l'évidement d'un catholicisme réduit au rôle de machinerie rituelle et l'épuisement de la tradition républicaine, construite historiquement comme réponse à la religion romaine » (D. Hervieu-Léger, 1996, 80). La catho-laïcité peut nous rejouer la fable de l'aveugle et du paralytique !

La laïcité française apparaissait, il y a un siècle, porteuse de valeurs nationales « modernes » face à un catholicisme jugé supranational, lié à un souverain étranger et passéiste. Mais l'État républicain apparaît structurellement inapte à la célébration de la tradition (y compris la sienne propre) car la citoyenneté implique un commencement toujours nouveau du lien politique (O. Ihl, 1996). Face à un avenir incertain, à une volonté de se rassurer grâce à ses traditions, à son héritage, les tentatives de religion civile républicaine, obsolètes depuis des décennies, peuvent céder la place à une tentative de religion civile laïco-catholique, ou laïco-œcuménique.

Jean-Paul Willaime (2004, 244 *sq.*) parle, à ce sujet, de « gestion par l'État d'un certain œcuménisme éthique » où il est demandé à chaque religion « de contribuer à la célébration d'une religion civile plus éthique que politique ». Cette nouvelle religion civile peut particulièrement se développer à l'échelle européenne : « Les autorités européennes elles-mêmes se sont plu à souligner, indique notre auteur, qu'elles poursuivaient les mêmes objectifs que le pape. »

Mais comme, en France, la méfiance envers les religions demeure, cette religion civile peut rester en arrière-fond, et l'invocation des « valeurs de la République » peut occuper le devant de la scène. Or, soyons attentifs au discours tenu : un continuum existe. Ces « valeurs de la République » sont singulièrement déconnectées de l'État et du politique. Il ne s'agit pas de prôner un civisme politico-patriotique d'une République conquérante. Deux aspects frappent le sociologue. Il s'agit de valeurs éthiques ; le contenu peut sembler politique, la structure ne l'est guère. Il s'agit aussi de valeurs nostalgiques : les valeurs d'antan, les valeurs menacées, voire les valeurs perdues ; c'est ainsi implicitement que l'on en parle. Et répondre que la République va peut-être inventer de nouvelles valeurs, des valeurs jusqu'alors inconnues, déstabilise singulièrement les chantres des « valeurs de la République ».